HERDERS, HUURLINGEN EN DICTATORS

HERDERS, HUURLINGEN EN DICTATORS

HOE ONTDEKKEN WE HET VERSCHIL?

TAVARES D. ROBINSON

Uitgegeven door Watchman Publishing
www.watchmanpublishing.com
1-800-714-3194

Watchman Publishing is een Christelijke uitgever die de plaatselijke kerk wil opbouwen door elk afzonderlijk lid toe te rusten. Wij bieden middelen waarmee de kerk in deze Laatste Dagen vermaand, aangespoord, terecht gewezen en aangemoedigd kan worden.

Shepherds, Hirelings and Dictators: How to Recognize the Difference

Copyright © 2010, 2020, 2022 door Tavares Robinson

Geen enkel deel van deze publicatie mag worden gereproduceerd, in een zoeksysteem opgeslagen of in welke vorm of welke manier dan ook verspreid worden, hetzij elektronisch, mechanisch, met fotokopieën of geluidsopname, zonder een vooraf op schrift gestelde toestemming van de auteur. Alle rechten voorbehouden.

Tenzij anders aangegeven, zijn alle Bijbelverwijzingen overgenomen uit de Herziene Statenvertaling®, Copyright © 2010/2016 Stichting HSV.

Shepherds, Hirelings and Dictators is geprint in de United States of America/ Eerste editie: 2010, Tweede editie: 2020.

ISBN 978-1-7349681-0-1 (Paperback), ISBN 978-1-7349681-1-8 (E-book)

Omslagfotografie en ontwerp door Jesus Cordero

Redactie Engelse versie: Leonard G. Goss en Carolyn Stanford Goss, GoodEditors .com, www.goodeditors.com

Vertaling Nederlands: Elzelien Sigmond, Ajuda, www.ajuda-sfv.nl

DANKBETUIGING

Ik wil naar iedereen die mij de afgelopen 10 jaar heeft gesteund, hetzij door redactie, bemoedigende woorden, persoonlijke getuigenissen, geld donatie, maar zeker ook door hun oprechte gebeden, mijn oprechte dank en dankbaarheid uitspreken. Ik bid dat de Here jouw vriendelijkheid en vrijgevigheid ten opzichte van Zijn werk zal gedenken.

En, als allerbelangrijkste, wil ik mijn Heer en Heiland Jezus Christus bedanken voor het betonen van Zijn genade jegens mij door mij zijn eeuwige waarheden toe te vertrouwen.

Moge het Lam van God de beloning ontvangen voor Zijn lijden.

CONTENTS

Voorwoord	ix
Inleiding, Editie 2020	xv
Inleading, Editie 2010	xxxiii
Introductie	xxxix
1. Bouwen op een Sterk Fundament	1
2. Wordt Niet Misleid	10
3. Gegrond Geloof	16
4. Wat Is een Herder	28
5. De Ontrouwe Herder	33
6. Wat Is een Huurling	40
7. Gevangen in Titels	51
8. Beijver U om U Welbeproefd voor God te Stellen	57
9. Een Gebrek aan Onderscheidingsvermogen	64
10. Bevrijd Van Valse Leiders	74
11. Wat Waarheid Lijkt te Zijn	91
12. De Waarheid over het Welvaartsevangelie	106
13. Dictators	119
14. Tijd om een Beslissing te Maken	135
Een Naschrift van Tavares Robinson	147
Over de Schrijver	149

VOORWOORD

Misleiding komt in toenemende mate voor binnen de kerk. Daar moeten we met moed en zonder angst tegen optreden en dat is precies waar *Herders, Huurlingen en Dictators* ons bij helpt. Dit boek is een uitzonderlijk goede en noodzakelijke bron, geschreven door een godvruchtige voorganger die het lichaam van Christus liefheeft, maar toch een zeer grote afval en afwijking van het zuivere Evangelie tegenkomt. Meestal heeft dit te maken met roofdieren die op de kansel staan, als wilde wolven zijn en daarbij zielen zonder onderscheidingsvermogen willen verslinden.

De apostel Paulus schrijft deze waarschuwende woorden in Handelingen 20:27-31:

> "Want ik heb niet nagelaten u heel het raadsbesluit van God te verkondigen. Zie dan toe op uzelf en op heel de kudde, te midden waarvan de Heilige Geest u tot opzieners aangesteld heeft om de gemeente van God te weiden, die Hij verkregen heeft door Zijn eigen bloed. Want dit weet ik: dat na mijn vertrek wrede wolven bij u

zullen binnenkomen, die de kudde niet sparen en dat uit uw eigen midden mannen zullen opstaan die de waarheid verdraaien om de discipelen weg te trekken achter zich aan. Daarom: wees waakzaam, en bedenk dat ik drie jaar lang, nacht en dag, niet heb opgehouden iedereen onder tranen terecht te wijzen."

Dit is een eerlijke en dringende waarschuwing van Paulus aan de kerk. In vers 31 staat dat hij hen drie jaar lang onder tranen terecht gewezen heeft! Als deze waarschuwing toen al gold, des te meer geldt het voor nu. Als je je kudde waarschuwt, betekent dat, dat je de kudde liefhebt. Herders die godvruchtig zijn, zullen de kudde beschermen. Dit is de taak en roeping die ze van God hebben gekregen. Wolven daarentegen, zullen de kudde opeten. Daarom is het zo belangrijk hen openlijk tentoon te stellen.

Romeinen 16:17 waarschuwt, "En ik roep u ertoe op, broeders, hen in het oog te houden die onenigheden teweegbrengen en struikelblokken opwerpen tegen het onderricht dat u hebt ontvangen, en keer u van hen af." We moeten die gevaarlijke dwalingen durven benoemen, die door valse leraren uitgedragen worden. Zij bedekken het dodelijke vergif met een mooi suikerlaagje en zorgen er zo voor dat hun leringen mensen wegdrijven van de Ware God van de Bijbel.

Merk op dat Paulus ervoor waarschuwt dat deze verschrikkelijke wolven, die God niet vrezen, de kudde zullen verslinden en dat deze valse herders dwaalleringen zullen verkondigen en proberen om de mensen hen te laten volgen, in plaats van Christus. Paulus was eraan toegewijd om hen hier voortdurend voor te waarschuwen, nacht en dag, *drie jaar lang*. Pastor Robinson geeft ons serieuze waarschuwingen als het gaat om huurlingen - die

VOORWOORD

voorgangers die noch door God geroepen zijn, noch oprecht zijn over het verkondigen van de waarheid – en dictators. Waarom? Welnu, dit antwoord vinden we in 2 Petrus 2:1, waar de apostel waarschuwt dat valse leraren "verderfelijke afwijkingen" in de kerk zullen invoeren. Ja, deze verderfelijke leringen zullen zielen naar de hel leiden. Valse voorgangers leren verderfelijke afwijkingen. Velen zijn misleid door de dwaling die ze horen. We moeten hen waarschuwen.

Robinson heeft een tijdloos boek geschreven dat door iedereen die de hele waarheid wil weten, gelezen zou moeten worden. Elk hoofdstuk staat vol van vitale waarheden die de lezer zullen helpen om te groeien in onderscheidingsvermogen. Mocht je iemand kennen die een huurling navolgt, dan zou ik je willen vragen of je alsjeblieft wilt overwegen diegene een exemplaar van dit boek te geven. God kan het gebruiken om deze persoon vrij te maken van misleiding.

Waarschuwingen zijn, net als een brandalarm dat afgaat, bedoeld om mensen wakker te maken en Robinson weet dat er velen zijn die geestelijk in slaap zijn en gewaarschuwd moeten worden. Een vuur dat niet bedwongen wordt, verspreidt zich snel met zijn dodelijke vlammen met veel verwoesting tot gevolg. En zo zijn op de Bijbel gebaseerde waarschuwingen ook hard nodig, omdat de dwaalleringen, die door onwettige predikanten op de kansel verkondigd worden, met hun vernietigende vlammen vele levens kapot kunnen maken.

Vrienden, waarom heeft God ons zijn heilige Woord gegeven? 2 Timotheüs 3:16 leert ons: "Heel de Schrift is door God ingegeven en is nuttig om daarmee te onderwijzen, te weerleggen, te verbeteren en op te voeden in de rechtvaardigheid." Echter horen wij in deze dagen weinig terechtwijzing en correctie meer. Sterker nog, valse voorgangers vermijden dit allemaal. In de op de zoekende mens gerichte kerken van vandaag is het benoemen van zonde en het verkondigen van bekering niet erg populair. Feit is dat als je deze gezonde leerstellingen verkondigt, mensen beledigd zullen raken, en dat is iets wat valse voorgangers juist niet willen. Zij geven er de voorkeur aan de rol aan te nemen van 'people pleaser' en hun oren te strelen.

Vermaning

Het is belangrijk dat er woorden van vermaning klinken, waardoor mensen gaan zien wat er niet juist is in hun leven. Dat houdt in dat echte mannen van God zich moeten uitspreken tegen de zonde en niet bang moeten zijn of dit mensen aanstoot zal geven. Spreuken 15:31-32 zegt:

> "Wie vermaning verwerpt, veracht zijn leven, maar wie naar bestraffing luistert, verwerft verstand."

Correctie

Als we het verlangen hebben om de Heer echt te behagen en in heiligheid willen wandelen, zullen we een woord van correctie willen horen. Correctie zegt ons hoe we het goed kunnen maken met God. Spreuken 15:10 zegt: "Vermaning is onaangenaam voor wie het pad verlaat, en wie bestraffing haat, zal sterven." Als je afwijzend staat tegenover correctie en terechtwijzing, laat je daarmee zien dat je bekering niet echt is geweest. Dit mogen we niet licht opvatten en *Herders, Huurlingen en Dictators* is een ernstig boek dat zorgt voor deze broodnodige vermaning en correctie.

Lieve vrienden, we hebben het allemaal nodig de Bijbelse leerstellingen te begrijpen en we moeten mannen van God op de kansel hebben staan die de gezonde leer brengen en geen zachte, zoete preken zonder waarheid. Een man van God zal in zijn preek dingen aanwijzen die de Here mishagen. Hij zal de confrontatie aangaan met verkeerde dingen en deze blootleggen. Door de genade van God leren wij om elke dag een godvruchtig leven te leiden. Het Woord van God beschrijft alle aspecten van wat het inhoudt om een godvruchtig leven te leiden dat Hem eert. Een van de hoofddoelen van dit boek is om al deze aspecten toe te lichten.

Ontzettend veel mensen lopen op de brede weg met uiteindelijk hun ondergang tot gevolg. Allemaal als gevolg van voorgangers die zichzelf gezalfd, aangewezen en aangesteld hebben en die gretig verlangen naar macht, aanzien, populariteit en welvaart. Zij leiden geen leven van godvruchtige reinheid en brengen geen gezonde leer. Zij blijken alleen van zichzelf te houden en verdraaien de Schrift voor eigen gewin.

Dit boek keurt zulke bedriegers en oplichters op een scherpe manier af. Het legt duidelijk uit wat de ware kenmerken zijn van herders die door God geroepen zijn en het laat duidelijk de kwade eigenschappen zien van huurlingen en dictators. Pastor Robinson windt er geen doekjes om en hij verontschuldigt zich niet voor het vertellen van de waarheid dat zo nodig gehoord moet worden in deze tijd van afval.

Als je genezen wilt worden, zul je geen discussie voeren over de smaak van het medicijn.

Handleiding in Rechtschapenheid

Ik raad de lezer aan om elk hoofdstuk te bestuderen. Je zult op een Bijbelse manier geïnformeerd worden en je zult, zonder twijfel, weten hoe je het verschil herkent tussen ware en valse voorgangers. Vele ogen zullen open moeten gaan en om bevrijd te worden uit de macht van huurlingen en dictators, moet je een wezenlijk onderscheidingsvermogen ontwikkelen.

Laat mij hiermee afsluiten: Hoofdstuk vier is kort, maar vol essentiële informatie over het ware karakter van een godvruchtige, door God geroepen voorganger die voldoet aan de Bijbelse voorwaarden voor leiderschap binnen de kerk. Bestudeer zulke 'tekenen waaraan je echte herders kunt herkennen' en beproef de predikanten waar je naar luistert, of ze nu in je eigen kerk zijn of een van die tv-dominees die velen blindelings volgen. De zogenaamde christelijke tv is vol van programma's van lokale kerken met veel huurlingen en dictators!

Ik beveel dit boek van harte aan en hoop dat het door velen gelezen zal worden. Bestudeer het. Koop een extra exemplaar en geef het aan jouw voorganger. Twee Korintiërs 4:2 zou de lijfspreuk van elke predikant moeten zijn. De predikant die door God geroepen is, behoort het voorbeeld van Paulus na te volgen: "Integendeel, wij hebben de schandelijke, verborgen praktijken verworpen; wij wandelen niet in bedrog en vervalsen ook niet het Woord van God, maar door het openbaar maken van de waarheid bevelen wij onszelf aan bij elk menselijk geweten, in de tegenwoordigheid van God."

Mogen de kerken gevuld zijn met mensen van dit kaliber, vol toewijding om Christus te gehoorzamen. Blijf volharden in Jezus.

Dienaar van onze verrezen Heer,

David C. Cooke, aflame4God Ministries, Richmond, Virginia

INLEIDING, EDITIE 2020

De afgelopen jaren greep ik regelmatig weer terug naar dit boek, dat ik 10 jaar geleden geschreven heb. De tijd ging snel voorbij, maar we zien dat de kerk boodschap of langzaam aangenomen of ronduit afgewezen heeft. Ik wist toen nog niet dat het eerste boek dat ik zou schrijven een vuurstorm in mijn persoonlijke leven teweeg zou brengen. Sommige vriendschappen met andere voorgangers – wier preekstoelen ik zelfs van tijd tot tijd heb gevuld – kwamen plotseling ten einde. Sommige vriendschappen waarvan ik dacht dat ze blijvend waren, bloedden geleidelijk aan dood. Mensen die aan mijn motief twijfelden, vroegen: "Waarom zou een voorganger dit soort dingen over de kerk schrijven?" "Waarom zou een voorganger andere leiders kapot willen maken?" Sommigen vroegen zich zelfs af waarom God toch wilde dat ik de kerk op zo'n manier ontmaskerde en het daarmee voor zondaars moeilijker maakte om gered te worden.

Bij dit punt aangekomen, is het van hoogst belang dat ik een waarheid vaststel: wanneer mensen door de genade van Christus gedreven worden om gevoelige onderwerpen aan te snijden of de confrontatie aan te gaan met leringen die voor eeuwig schade bij iemand aanrichten, zijn ze niet kritisch – ze tonen liefde! Het zit namelijk zo; teveel christenen zijn in de leugen van de vijand gaan geloven, dat als je onwaarachtige leraren aan de kaak stelt, dat een omgekeerd effect zal hebben bij de ongelovigen voor wat betreft het aannemen van Christus.

Vanuit zowel Bijbels als theologisch perspectief ben ik het daar niet mee eens. De meesten die er zo over denken beoordelen deze dingen vanuit een persoonlijk gezichtspunt, in plaats vanuit een denkkader van Bijbelse polemiek. Wat bedoel ik met *polemiek*? Het is de andere kant van de medaille van apologetiek. Christelijke *apologetiek* verdedigt het geloof en de waarheden van het christendom onder ongelovigen. Christelijke polemiek verdedigt de waarheid onder hen die het christelijk geloof belijden. Jezus was een krachtig verdediger van de waarheid tegen zowel interne als externe aanvallen. Het kwam niet in hem op dat het aan de kaak stellen van de farizeeën, ongeoorloofde en onwettige leraren van de wet, en het uitspreken van het herhaalde 'wee u', mensen ervan zou weerhouden het ware Evangelie te ontvangen.

In feite geven we twijfelachtige leiders, als we hen niet toetsen, een visueel en auditief platform in de kerk om onherstelbare schade aan te richten met een eeuwige vernietiging tot gevolg. En dit is nu precies wat onze tegenstander wil bereiken. Hij richt gevaarlijke leiders op die vervloekte leringen onderwijzen, terwijl wij passief toekijken en bidden over wat hij leert en dan geloven dat als we maar 'liefde' tonen de uitkomst wel zal veranderen. Ondertussen worden talloze mensen die naar hem luisteren geïnfecteerd met een dodelijke ziekte, terwijl wij het medicijn tot onze beschikking hadden, de oplossing wisten, en wij wísten dat hij slecht was. Maar toch hielden we meer van ons imago en onze reputatie, dan van de persoon van wie wij beweerden te houden. Holocaust overlevende en Nobelprijswinnaar Elie Wiesel zei: "Wat het slachtoffer nog het meest pijn doet, is niet de wreedheid van de onderdrukker, maar de stilte van de omstander." En ook zei hij: "Stilte moedigt de folteraar aan, nooit de gefolterde." Als volgelingen van de Heer stilzwijgend goedkeuring geven aan dergelijk leiderschap, tonen wij niet de liefde van God. Het is verraad.

Voor mijn eerste uitgave van *Herders, Huurlingen en Dictators*, ontmoette ik een bekende leider, wiens woorden door mensen - zowel binnen als buiten de kerk - gezocht en gerespecteerd werden alsof ze van God zelf kwamen. Deze leider vond het nodig om mij zijn 'goddelijke' raad te geven en raadde mij aan om het boek niet uit te geven. Hij hield mij voor dat er deuren open zouden gaan en hoe financieel welvarend ik zou zijn als ik naar zijn advies zou luisteren. Hij zei ook dat, als ik zijn advies niet zou opvolgen, het een oordeel zou kunnen brengen over mijn bediening en mijn inkomen. Zulke adviezen, samen met andere misleidende opmerkingen, konden lachwekkend zijn, maar op andere momenten waren ze hartverscheurend. Het was hartverscheurend dat mensen die beweerden dat ze gered en vol van Gods Geest waren, zich vervolgens af gingen zetten tegen iets dat met veel Bijbelverwijzingen onderbouwd werd. Dit waren geen verzen die op zichzelf stonden en uit hun context gehaald waren om mijn specifieke mening te ondersteunen. Maar desondanks konden sommige mensen met verzen die met een goede exegese uitgelegd werden, niet genoeg overtuigd worden. Ik was verbijsterd over het feit dat mensen die beweerden met de Geest vervulde gelovigen te zijn, Schriftplaatsen die de Heilige Geest geschreven had, juist verwierpen. En toen begon ik te beseffen dat het helemaal niet vanwege het Woord van God was dat mensen mij aanvielen – tenslotte, hoe zouden ze dat ooit kunnen winnen? – Nee, zij vielen mij aan vanwege de boodschap. Kijk, als predikant had ik de ongeschreven en onuitgesproken regel overtreden: laat je niet negatief uit over andere leiders. Net zoals in het Amerikaanse bedrijfsleven en in de huidige politieke arena is nu ook binnen de kerk het stilzwijgen een code van eer en vertrouwen geworden. Met andere woorden: je eigen mensen 'verraad' je niet. Als je geliefd en welkom wilt zijn binnen grotere kringen moet je je loyaliteit tonen door je stilzwijgen. Maar ik ben tot de conclusie gekomen dat blinde loyaliteit helemaal geen loyaliteit is; het is laf, dubbelhartig en egoïstisch. In deze tijd van massale apathie en afvalligheid zul je, als je aan de kant van de Heer staat en voor het belang van Zijn Woord opkomt, negatief bestempeld en bekeken worden; niet alleen door de wereld, maar juist door diegenen die belijden dat Jezus Heer is. Maar ik voeg mij bij Athanasius, een bisschop en theoloog uit Alexandrië die leefde in het jaar 328. Zijn jarenlange strijd met andere bisschoppen en keizers over het standpunt dat hij innam over leerstellige kwesties zorgde ervoor dat hij vijf keer werd verbannen door vier verschillende heersers; in totaal meer dan zeventien jaar. Alsof dat nog niet genoeg was, nam hij een harde stelling tegen Arius, een collega-predikant die een onjuist dogma onderwees dat het *Arianisme* genoemd werd, namelijk de ketterse doctrine die leert en gelooft dat Jezus een geschapen wezen is. Daarom konden hij en de Vader niet van hetzelfde wezen zijn. In wezen zei hij dat Christus de zoon niet eeuwig is en niet gelijkwaardig aan de Vader. Toen het leek alsof een meerderheid van het Romeinse rijk de kant van het Arianisme op ging, riep een bezorgde vriend uit: "De hele wereld is tegen jou." Onverschrokken reageerde Athanasius terug met zijn beroemde woorden: "Dan is het Athanasius tegen de wereld!" Zijn onwankelbare moed werd vaak gezien en soms moet het hebben geleken alsof hij de strijd alleen voerde. Maar uiteindelijk beloonde God hem voor zijn standvastigheid en keerde de strijd in zijn voordeel. Zijn woorden zijn uiteindelijk een beroemde Latijnse uitdrukking geworden: *Athanasius contra mundum* – Athanasius tegen de wereld. Het is een strijdkreet voor een vastberaden hart dat, hoe moeilijk de situatie ook lijkt of hoe sterk de tegenstand ook tegen je is, staat op het woord van God en deze verdedigt, ongeacht de kosten.

Dit heeft mij bemoedigd, te midden van veel onrechtvaardige negativiteit, wetende dat ik de plicht heb om tegenover elke man en vrouw en elk kind Christus te vertegenwoordigen en toegewijd te zijn aan Zijn leiding over mijn leven: "Schrijf op wat je ziet." Daarom ben ik trouw aan Christus en zijn trouwe volk. Trendy zijn staat niet gelijk aan betrouwbaarheid. Het horen van: "Goed gedaan" is veel meer dan een bestseller in de verkoop hebben en vervolgens te ontdekken dat ik in de hemel afgewezen ben. Andere bronnen die mij bemoedigd hebben, zijn de vele e-mails en het commentaar dat ik vanuit de hele wereld ontvangen heb; van opbouwende woorden van Europese gelovigen tot aan een zendeling die het boek naar dorpen in Kenia bracht om de leiders te helpen weerstand te bieden aan en zich te verdedigen tegen de valse doctrines die zich vanuit Amerika naar hun land uitspreidden. Ik heb gehoord dat sommige christelijke uitgevers dit boek gebruikten als sjabloon om een leidraad te hebben voor wat voor soort manuscripten ze zouden ontvangen en afdrukken. Sommigen hebben zelfs geweigerd om enig woord van geloofsleer, inclusief het welzijnsevangelie, af te drukken, ook al hadden ze vanuit zakelijk oogpunt hun schatkist kunnen vergroten door zulke boeken te verkopen. Te horen dat er zelfs mensen zijn die dit boek meenemen naar een nieuwe kerk die ze bezoeken om hun leiderschap te onderzoeken, was verbluffend.

De telefoontjes van mensen die in tranen zijn en naar de Heer terug gaan, maakt het boek de moeite waard.

Mensen krijgen de kracht om aan de greep van een huurling of een dictator te ontsnappen en worden nu op de juiste manier geleid en gevoed; en dat is Gods manier. In Jeremia hoofdstuk 3 vers 14 en 15 staan de woorden van de Heer: "Keer terug, afkerige kinderen," spreekt de HEERE, "want Ík heb u getrouwd. Ik zal u nemen, één uit een stad en twee uit een geslacht, en Ik zal u naar Sion brengen. Ik zal u herders geven naar Mijn hart, die u zullen weiden met kennis en verstand."

Gods belofte aan hen die zich zouden bekeren en naar Hem terug zouden gaan, is dat Hij hen leiders zou geven naar Zijn hart, die hen met het Woord van God zouden voeden om hen zo te herstellen van de schade die dwaling aangericht had en hun leven te genezen. Hoe God naar je kijkt, zou wel eens bepaald kunnen worden door wie jij je laat leiden.

Vorig jaar, nadat ik mensen tegengekomen was die in hun kerken met een on-Bijbelse gang van zaken te maken hadden, voelde ik mij gedwongen om het boek nog eens door te nemen. Het was schokkend om hun verhalen te horen en hoe hun ervaringen leken op de voorbeelden in het boek. Dat het boek hun situatie zo duidelijk beschreef, maakte hen duidelijk dat hun nieuwe problemen eigenlijk oude problemen waren en dat er een antwoord op was. Het maakte mij ook duidelijk dat de boodschap in dit boek er nog steeds toe deed en niet verouderd was- het leefde nog steeds.

Toen ik dit wist, besefte ik dat het tijd was voor een tweede editie, maar wel een herziene versie. Het herlezen van enkele van de Bijbelse waarheden waar ik in de eerste editie van het boek over schreef, maakte mij weer ontmoedigd, omdat er na al die jaren nog niets veranderd is; eigenlijk is het zelfs nog erger geworden. De afgelopen tien jaar hebben we allerlei sociale media zien opkomen en dat heeft geholpen om deze vernietigende vlam nog verder te verspreiden. Waar we ons vroeger zorgen moesten maken over wat er vanaf de kansels gepredikt werd, moeten we ons nu ook zorgen maken over wat er via internet gepromoot wordt. On-Bijbelse en ondeugdelijke leiders hebben nu een manier om hun vervloekte doctrines en overtuigingen uit te dragen, aangezien er niemand is die ze aan enige geestelijke toetsing onderwerpt. In dit tijdperk van branding van sociale media kunnen incompetente en zelfbenoemde mensen platforms creëren, bouwen en volgers trekken zelfs als God ze niet heeft goedgekeurd.

We leven in een zeer gevaarlijke tijd als mensen hun waarheden en echtheid afleiden uit het aantal volgers dat ze hebben en een 'like'-knop, maar niet uit de Schrift.

Dezelfde destructieve leringen zijn er nog steeds, als een dodelijke griep, en velen zijn er nog steeds van overtuigd dat deze instructies van God komen. Zo is er bijvoorbeeld het bedrog van de eerstelingen (first fruit offering (vert.)) in veel kerken en op 'christelijke' televisie nog steeds aanwezig. Een recente studie heeft naar boven gebracht dat twintig procent van de kerkgangers in Amerika een kerk bezoeken dat het welvaartsevangelie (prosperity gospel (vert.)) predikt. Dat is alarmerend. En alsof dat nog niet genoeg is, is het aantal duivelse profeten toegenomen, dat mensen ervan overtuigt dat ze een gave van God hebben om zo geld aan te trekken en in te zamelen – deze valse profeten beweren dat ze 'gezalfd' zijn voor welvaart.

Wij Leven in een Post-Truth-Tijdperk

Ik geloof dat de Bijbelverzen waar God mij tien jaar geleden al naartoe leidde, nu nog belangrijker zijn dan voorheen. Toen God de geestelijke staat van zijn volk vaststelde, sprak God door de profeet Jeremia: "Iets verschrikkelijks, iets afschuwelijks gebeurt er in het land: de profeten profeteren leugens, de priesters heersen door hun handen, en Mijn volk heeft het graag zo. Maar wat zult u doen aan het einde hiervan? (Jer. 5:30,31).

Als er enige periode in de geschiedenis is die opmerkelijk overeenkomt met onze tijd is het wel het oude Juda in de dagen van Jeremia. Juda was een natie die snel achteruitging. Het was een natie die op het punt stond iets catastrofaals mee te maken, maar verdrietig genoeg waren er maar weinig mensen die dit zagen. In wezen was het een natie die oppervlakkig gezien welvarend leek, maar toch steeds meer in een diepe morele en spirituele crisis terecht kwam. Het religieuze toneel werd doordrongen met misleiding, terwijl de politieke arena verstoord werd door verdeeldheid. De mensen hadden zo verwrongen beeld van God dat, als ze een waar Woord van God hoorden, ze dat weerzinwekkend vonden. Daarom stelden ze een verkeerde zelfdiagnose over hoe ze stonden tegenover God.

Noteer: Als Gods volk datgene wat waar is, veronachtzaamt en vervolgens iets gaat aanhangen wat tegen Gods karakter ingaat, zal zijn cultuur in verval gaan raken. Wat achter de ondergang van zo'n volk zat, was één leugen en dan nog één en nog één. Men was het normaal gaan vinden om leugens te geloven en te vertellen. Klinkt dit jou bekend in de oren? De cultuur zat zo ingebakken en men was zo ongevoelig gemaakt door leugens, dat de waarheid als een onwaarheid klonk – een definitie van een *post-truth-tijdperk*. Ik vertel hier meer over in mijn boek '*Warnings from the Garden: Uncovering the Wiles of Deception*'. Een post-truth-tijdperk is een tijdsperiode waarin men belangrijke objectieve feiten steeds minder laat meewegen in het vormen van zijn of haar mening. Het is een tijdperk waarin men gedreven wordt door zelfzuchtige ambitie, zelfgenoegzaamheid en persoonlijke vooroordelen; een tijdperk waarin mensen eerder geneigd zijn een standpunt te aanvaarden of te geloven op basis van hun onderliggende emoties, dan op basis van duidelijke feiten. Het post-truth-tijdperk maakt het mogelijk dat perceptie het wint van de werkelijkheid en dat leugens telkens maar zonder consequentie uitgesproken worden. Alternatieve feiten zijn tenslotte niet zo schadelijk, zolang iemand zijn of haar gewenste doel maar bereikt. Het is een tijdperk van het verheerlijken van oneerlijkheid.

God had genoeg gezien. Het was het laatste uur en in zijn laatste poging om Zijn aanstaande oordeel af te blazen, liet Hij Jeremia opstaan om de stem te zijn die Zijn woorden verkondigde om één voor twaalf – met nog maar één minuut te gaan. God gebruikt twee krachtige woorden om de betreurenswaardige geestelijke toestand van zijn volk te beschrijven: *verschrikkelijk en schokkend*.

Als wij iets verschrikkelijk en schokkend noemen is één ding, maar als de Schepper deze woorden gebruikt is dat een heel ander verhaal. Als Gód deze woorden gebruikt, betekent dit dat iets het menselijk begrip te boven gaat. Met andere woorden, wat door zijn volk gedaan werd was zo gruwelijk en weerzinwekkend dat het niet meer slechts in woorden uitgedrukt kon worden. Het gedrag van zijn volk had het mentale vermogen van de mensen om te redeneren overtroffen. En wie God als verachtelijk beschouwde, waren de *profeten* die vals spraken en die zonder goddelijke inspiratie van Hem profetische woorden verkondigden.

Hervorming en Revolutie zijn Niet Hetzelfde

Toename en acceptatie van frauduleuze profeten zijn altijd indicatoren geweest van achteruitgang en misleiding van het geestelijk leven van Gods volk. Deze huurmoordenaars van Satan zijn zo roofzuchtig als wilde hyena's. Ze zullen in aantal en kracht toenemen als ze prooien vinden die goedgelovig, verloren, gekwetst, zwak en naïef zijn. Deze mannen en vrouwen zijn geestelijke bedriegers. Ze doen alsof ze namens God werken en spreken, maar in werkelijkheid zijn het ingehuurde arbeiders op de loonlijst van Satan. Als we terugkijken naar de dagen dat Mozes de Israëlieten waarschuwde (Deut. 13:1-5) speelden misleidende profeten in tijden van geestelijke achteruitgang een belangrijke rol. Wanneer het volk van God achteruit ging, in plaats van vooruit, kwam dat omdat ze luisterden naar hen, die God noch goedgekeurd, noch gezonden had (Jer. 14:13-16). Dit was een van de redenen waarom God Jeremia opwekte om deze zelfbenoemde woordvoerders uit te dagen en te confronteren en zijn volk weg te trekken, zodat ze geen oor voor valse boodschappen zouden ontwikkelen. Als we gemakkelijk een "zo zegt de Heer" aanvaarden en omarmen van mensen die God niet heeft gestuurd, is dat een duidelijke aanwijzing dat Gods volk van God afdwaalt.

Het tweede dat God verschrikkelijk en schokkend noemde was het aantal *priesters dat met ijzeren hand regeerde*. De priesters waren door God apart gezet om de mensen de Wet te leren – hoe ze onderscheid moesten maken tussen heilig en onheilig, rein en onrein (Lev. 10:9-11). Maar het tegendeel was waar; deze priesters waren zelfsturend. Ik noem het het *Diotrefes-syndroom*, genoemd naar een egocentrische man die genoemd wordt in 3 Johannes 9 en 10. Degenen die geroepen waren om te dienen, verlangden er in plaats daarvan naar gediend te worden en oefenden heerschappij uit over degenen die niet tot hen behoorden. De priesters leidden het volk op eigen gezag en namen het gezag van God over. De priesters waren hongerig naar macht en gebruikten hun gezag op een onethische wijze. Juist die leiders die God had aangesteld om mensen in Zijn aanwezigheid te leiden, zorgden er nu voor dat ze van het juiste pad afdwaalden.

Het laatste dat God weerzinwekkend en schokkend noemde, was dat, nadat er voortdurend tegen hen gelogen was en ze ruw waren behandeld door een corrupt leiderschapssysteem, *zijn volk het goed vond*. In het Hebreeuws heeft het woord voor *goed vinden* eigenlijk de betekenis van *houden van*. Het heeft de betekenis van iets dat vervuld is, dat bevredigd is door een vervuld verlangen. Het volk vond dit slechte leiderschap geweldig, omdat het afwijkende karakter van de leiders het voor hen mogelijk maakte om hun eigen leven te leiden, in rebellie, zonder dat iets hen beperkte of overtuigde. Het volk werd feitelijk door de zonden van de leiders aangemoedigd om te verlangen en te streven naar hun eigen manier van leven, zonder dat ze door God gecorrigeerd werden. De profeten, priesters en het volk leefden allemaal in harmonie met elkaar op aarde, maar allemaal kwamen ze in conflict met de God van de hemel. Als mensen het met elkaar eens zijn, wil dat nog niet betekenen dat de hemel het er ook mee eens is. Het doel heiligt de middelen niet en ook heeft de meerderheid niet altijd gelijk. Als je achter de menigte aan gaat, betekent dat nog niet dat je daarmee ook de Herder volgt. Wanneer het leiderschap in Gods huis verontreinigd is en de mensen blijven het maar verdedigen, terwijl ze niet verkeerds zien, blijft er niets anders over dan zijn gerechtvaardigde oordeel.

De Kerkgeschiedenis geeft ons een goed beeld van het duidelijke en huidige gevaar, waarmee we worden geconfronteerd. Toen ik dit tien jaar geleden schreef, ging ik er vanuit dat misleidende leerstellingen vooral een probleem waren in Amerika; maar ik ben erachter gekomen dat het een wereldwijde epidemie is. Social media-platforms hebben het niet alleen mogelijk gemaakt om de waarheid over te brengen, maar het is ook een middel geworden om talloze mensen te infecteren met een eeuwige ziekte.

We hebben dringend een *reformatie* nodig en geen revolutie. Het is zo belangrijk om het verschil tussen die twee te kennen, om de echte legitieme stemmen te onderscheiden van diegenen die zichzelf hebben aangesteld. *Revolutie* betekent het vernietigen of omverwerpen van iets. Het is gebaseerd op een strijd om de macht. Let op dit vaste gegeven: *Elke persoon die niet door God gezonden is, zal gedreven worden door macht.*

Dorst naar macht is een van de redenen waarom deze onwaarachtige leiders geestelijke titels aannemen en van mensen eisen dat ze hen ook met die titels aanspreken; Een dergelijke eerbied geeft hen het gevoel dat ze geaccepteerd zijn en het geeft hen een gevoel van betekenis. Ze doen alsof ze gepassioneerd en ijverig zijn, maar macht en autoriteit zitten in hun karakter geworteld en hun spreken is ermee doorweven; zodoende geven ze er helemaal niet om de kerk te herinneren aan wat ze eigenlijk is. Ze aarzelen niet om de naam van Christus te gebruiken als een middel waarmee ze hun eigen persoonlijke koninkrijk kunnen vestigen. Ze hebben macht nodig om te overleven. Een van de meest gevaarlijke personen die je zult tegenkomen is een volledig incompetente persoon, maar die toch getrouwd is met macht. Dit wordt het Dunning-Kruger effect genoemd. Het is een psychologische stoornis dat omschrijft hoe mensen die het minst competent zijn in een taak, hun vaardigheden vaak als uitzonderlijk hoog beoordelen, omdat ze geen idee hebben van wat het betekent als je de juiste verworven vaardigheid wel hebt. Het gebrek aan zelfbewustzijn, om een goed beeld te kunnen hebben van hun eigen capaciteiten, samen met het tekort aan cognitieve vaardigheden, zorgt ervoor dat dat ze zichzelf overschatten. In Bijbelse terminologie wordt dit trots genoemd; zonder autoriteit. De volledige identiteit van zo iemand wordt gevormd door het feit dat mensen zijn macht erkennen en zich eraan overgeven. Omdat hij op deze manier denkt is het voor de bedrieger makkelijk om onschriftuurlijke en slinkse leringen te omarmen - zoals de heerschappijtheologie of de "Koninkrijk Nu"-theologie, wapendragers, spirituele mantels en 'heavy shepherding'-theologie – om deze liefde voor macht kracht bij te zetten.

Het is waar dat Christus en de Schrift ons leren dat we ons aan leiderschap moeten onderwerpen, maar die onderwerping is wel gebaseerd op het feit dat leiders Hem volgen. In Hebreeën 13:17 staat: "Gehoorzaam uw voorgangers (Eng: hen die over u heersen (vert.)) en wees hun onderdanig, want zij waken over uw zielen omdat zij rekenschap moeten afleggen..."

Het woord *heersen* in het Grieks betekent leiden, niet 'controle uitoefenen'. En op deze manier moet het toegepast worden: Als jouw leiders de ware betekenis en de samenhang met het Woord van God onderwijzen en uitleggen, moeten wij hen gehoorzamen. En toch, onoprechte leiders zijn bedreven in het vinden van Schriftgedeelten die wat ze zeggen geloofwaardig maken, maar meestal verdraaien ze de oorspronkelijke betekenis om de mensen die volgen te manipuleren en bang te maken. God kijkt niet gunstig naar diegenen die ernaar streven om heerschappij te voeren over het geloof van mensen, waar Paulus voor waarschuwt in 2 Korinthiërs 1:24, die pogen zichzelf te weiden, in plaats van hun schapen, zoals Ezechiël het zegt (Ezech. 24:1-3).

Als ik het over hervorming heb, bedoel ik niet de duivelse bewegingen zoals NAR (New Apostolic Reformation). Ik heb het over teruggaan naar het begin en het oorspronkelijke beeld en doel van iets herontdekken – in dit geval, de ontdekking en het herstel van Gods Woord. Zij die echt door God goedgekeurd zijn, begrijpen dat Gods toekomst in Zijn geschiedenis ligt, en de sleutel om met Zijn geest vooruit te gaan is niet vooruitgaan naar 'nieuwe' dingen- het is teruggaan naar het oude (Jer. 6:16).

Elke Bijbelse profeet had dit begrip van Gods geschiedenis. Hun opdracht was om de huidige generatie te beoordelen in vergelijking met het verleden.

Het boek van Jeremia gaat over hoe God, via zijn profeet, Zijn volk waarschuwt voor het niet luisteren en navolgen wat Hij aan eerdere generaties verkondigd had (Jer. 7:1-30). De profeten die de waarheid vertelden, werden veracht en verworpen. Ze kwamen niet overeen met de tijdsgeest. Ze stonden altijd buiten hun cultuur, omdat wat ze verkondigden tegen de stroom inging. De opdracht die ze kregen was samengesteld en gevormd door de eeuwigheid; Daarom werd de boodschap die ze predikten meestal afgekeurd, omdat het een tegencultureel perspectief had. Zo werd Stefanus, de diaken, in het boek Handelingen geroepen om een boodschap te verkondigen die geen raakvlak had met zijn generatie (Handelingen 7:51-60). In zijn tijd beschouwde men hem als irrelevant, maar hij was afgestemd op de hemelse tijd. Hij werd afgewezen en gestenigd door hen die beweerden dat ze God kenden, maar hij werd geaccepteerd door Christus en ontving van Hem een staande ovatie. Als de hemel jou accepteert, zul je op gespannen voet met de mensen op de aarde komen te staan. Als de hemel jou toejuicht, zal deze wereld je weerstaan. Mensen die in deze laatste dagen beweren door de Heer gezonden te zijn, maar wiens bedieningen zich helemaal bezighouden met wat populair en trendy is, lopen het gevaar om zelf beschikkend en onwettig te zijn. Onthoud dit: elke Bijbelse profeet die we nu als waar erkennen, werd in zijn tijd als onpopulair, vals en irrelevant beschouwd.

Leonhard Ravenhill, een Engelse Christelijke evangelist en auteur, zei ooit: "Als Jezus vandaag terug zou komen, zou Hij niet de tempel reinigen, maar de kansel." Daarom denk ik dat het tijd is dit boek opnieuw te introduceren en uit te geven. Ik ben vandaag nog net zo gealarmeerd als tien jaar geleden. Mijn vriend, Bill Muehlenberg, die de bediening CultureWatch leidt in Melbourne, Australië, zei onlangs: "Tenzij er Bijbelse mannen op onze preekstoelen gaan staan, zullen we niet veel echte gelovigen op onze kerkbanken vinden." Ik hou van de kerk en ik geloof echt in de vitale rol die een plaatselijke gemeente speelt in de geestelijke ontwikkeling van een gelovige, maar ik ben verontrust en beledigd door de ideeën die in Christus' naam blijven bestaan, maar waarin Zijn karakter niet terug te vinden is en in strijd zijn met Zijn Woord. Omdat we liefde anders zijn gaan definiëren, zijn wij onze rechtvaardige verontwaardiging kwijtgeraakt. Soms tonen wij alleen maar passie tegenover mensen als we het idee hebben dat ze niet achter onze doelen staan. Als we de dingen die bij Christus horen nu net zo goed zouden verdedigen als onze favoriete predikers, politieke partijen en denominaties, zou het landschap van de kerk er heel anders uitzien. Maar toch hebben we een massa volwassen wolven die weer jongere wolven verwekken, die de schapen omcirkelen, terwijl de wachters op hun post liggen te slapen, of nog erger, blind zijn. Het is tijd dat we wakker worden.

Iets anders dat ik duidelijk zou willen maken, is dat dit boek niet uitsluitend over leiderschap gaat. On-Bijbels leiderschap is verantwoordelijk voor veel van wat er mis is binnen de kerk van vandaag, maar we moeten ons realiseren dat we zoveel goddeloos leiderschap hebben, omdat er een markt voor is. De enige reden waarom Saul koning werd, was omdat het volk hem wilde hebben. Kun je je indenken dat de enige reden waarom sommige mensen bekend zijn is, omdat ze voldoen aan de wens van de mensen en niet omdat ze door God aangesteld zijn? Dit is beangstigend. Aäron maakte het gouden kalf, enkel omdat het volk erom gevraagd had. De trieste waarheid is dat valse leiders alleen gesterkt en erkend worden, omdat ze door de mensen die beweren God te kennen, gesteund worden. De schuld ligt dus niet alleen bij de leiders, maar ook bij degenen die hen toejuichen en ondersteunen.

Om een hervorming te laten plaatsvinden, moeten er drie dingen gebeuren, en dat is wat ik met dit boek wil bereiken:

1. Diagnose – om het probleem aan het licht te brengen, bekend te maken en bloot te leggen;

2. Identificatie – om aan te geven hoe het probleem is ontstaan;

3. Oplossing – om te laten zien hoe je uit het probleem kunt komen, hoe je kunt herstellen en hoe je kunt voorkomen dat anderen hetzelfde probleem krijgen.

Met deze doelen voor ogen heb ik behouden wat ik oorspronkelijk geschreven heb, maar hier en daar heb ik wel een paar dingen toegevoegd en eruit gehaald om meer duidelijkheid te geven. Ik heb in hoofdstuk 14 ook nog een paar redenen toegevoegd, waarom het voor sommige mensen moeilijk is om gevaarlijke leiders en on-Bijbelse kerken te verlaten, gevolgd door een gedegen advies met stappen om te herstellen van de pijn die door de kerk ontstaan is.

Wanneer je naar de waarheid begint te verlangen, zal het voornemen dat je hebt je in direct conflict brengen met de onwaarheid. En als de waarheid niet model voor je staat, zal een leugen jouw leraar worden. Het is mijn verlangen om de waarheid te achterhalen, de waarheid te openbaren en de waarheid uit te leggen, zodat je door de waarheid genezing en herstel kunt ontvangen.

De waarheid kan jou alleen bevrijden als je de leugen hebt ontmaskerd die jou gevangen hield.

INLEADING, EDITIE 2010

Als ik over de horizon van het lichaam van Christus uitkijk, breekt mijn hart niet alleen, maar het brandt ook van gerechtvaardigde verontwaardiging. Waarom? Het beste wordt dit verwoord door wat de profeet Jeremia verkondigde: "Iets verschrikkelijks, iets afschuwelijks gebeurt er in het land: de profeten profeteren leugens, de priesters heersen door hun handen, en Mijn volk heeft het graag zo. Maar wat zult u doen aan het einde hiervan? (Jer. 5:30-31).

Wat voor antwoord geven we op de vraag die God hier stelt? "Zou Ik vanwege deze dingen niet straffen? spreekt de HEERE, of op een volk als dit Mijzelf niet wreken?" (Jer. 5:29). Velen in het lichaam van Christus zullen zeggen: "Hier is nog zo'n onheilsprediker." Noem het zoals je wilt, maar onze God is een God van genade en gerechtigheid. Als we zijn naam beledigd, gemanipuleerd en misbruikt hebben, zal de rechtvaardigheid van God niet tegenhouden worden door 'positief denken'.

Al enige tijd krijg ik regelmatig e-mails en telefoontjes van verschillende gelovigen uit heel Amerika met onaangename verhalen over valse leiders in de kerk. Er heeft zich een serieus leiderschapsprobleem ontwikkeld, dat opkomt als kanker binnen de Amerikaanse kerk. Dit zou geen indruk op ons moeten maken, want de Geest van God waarschuwt ons er al eeuwen voor dat er misleiding en corruptie binnen het leiderschap zal komen.

De apostel Paulus zei:

> "Want dit weet ik: dat na mijn vertrek wolven bij u zullen binnenkomen, die de kudde niet sparen; en dat uit uw eigen midden mannen zullen opstaan die de waarheid verdraaien om de discipelen weg te trekken achter zich aan. Daarom: wees waakzaam, en bedenk dat ik drie jaar lang, nacht en dag, niet heb opgehouden iedereen onder tranen terecht te wijzen. (Hand. 20:29-31).

Dit boek is geïnspireerd door de profetische waarschuwing van Paulus. *PAS OP! De boodschap in dit boek is sterk. Niet om te veroordelen, maar om te overtuigen, te herstellen en weer op te bouwen.* Ik geloof dat de kerk 'klaar' is voor een nieuwe geestelijke reformatie. – niet een reformatie van titels of geestelijke gaven, maar een terugkeer naar de Bijbelse gezonde leer. Wijlen A.W. Tozer durfde te schrijven: "Tot we een hervorming hebben, zijn al onze boeken, onze scholen en onze tijdschriften slechts de werking van bacteriën in de vervallen kerk." Ik vertrouw erop dat deze boodschap de kerk zal opwekken en uitdagen om nog eens goed na te denken over zaken waarvan teveel mensen die hebben aangenomen als 'van de Heer'.

Enkele jaren geleden leidde iemand me naar een woord van wijlen Stanley Frodsham in 1965. Het volgende maakt deel uit van het profetische woord dat vijfenveertig jaar geleden tot hem werd gesproken. Het spreekt precies over de toestand van onze kerken vandaag, dat in dit boek besproken wordt:

Luister ijverig naar deze dingen, want in de laatste dagen zullen verleidende geesten komen die velen van mijn gezalfden zullen wegtrekken. Velen zullen vallen door verschillende lusten en vanwege een overvloed aan zonde. Maar als je Me ijverig zoekt zal ik met Mijn Geest in jou komen. Wanneer iemand linksaf of rechtsaf gaat, ga niet met hen mee, maar richt uw ogen volledig op de Heer. De komende dagen zijn het gevaarlijkst, moeilijkst en het donkerst, maar er zal een machtige uitstorting van mijn Geest zijn over vele steden en velen zullen vernietigd worden. Mijn volk moet ijverig worden gewaarschuwd voor de dagen die komen gaan. Velen zullen achter verleidende geesten aan gaan; velen zijn mijn volk al aan het verleiden. Het zijn diegenen die gerechtigheid DOEN, die rechtvaardig zijn. Velen bedekken hun zonden met geweldige theologische woorden. Maar Ik waarschuw u voor verleidende geesten die mijn volk op een slechte manier onderwijzen. Velen zal Ik zalven, opdat zij Mijn volk mogen reinigen en ziften; opdat ik een heilig volk zou hebben.

Ik vermaan u om in deze laatste dagen de schrift ijverig te onderzoeken. Want de dingen die geschreven zijn, zullen inderdaad ook gaan gebeuren. Er zullen in toenemende mate misleiders onder Mijn volk komen, die de waarheid zullen verkondigen en in de gunst van mensen zullen komen. Want mensen zullen de schrift onderzoeken en zeggen: "Wat deze mannen zeggen, is waar." Dan, als ze de harten van de mensen gewonnen hebben, dan en ALLEEN DAN zullen ze met deze verkeerde leerstellingen naar buiten komen. Daarom zeg Ik dat je je hart niet aan mensen moet geven, noch onder de indruk moet zijn van mensen als persoon. Want juist door deze personen zal Satan mijn volk binnen gaan. Kijk uit voor verleiders. Denk je dat de verleider met een nieuwe ketterij zal zwaaien en ermee zal pronken voor de mensen? Hij zal de woorden van gerechtigheid en waarheid spreken, en zal verschijnen als een dienaar van het licht, die het Woord verkondigt. De harten van mensen zullen gewonnen worden. Dan, als hun harten gewonnen zijn, zullen ze naar voren komen met hun leerstellingen en zullen de mensen verleid worden. De mensen zullen zeggen: "Heeft hij niet zo en zo gesproken? En hebben we het niet vanuit het Woord onderzocht? Daarom is hij een rechtvaardige dienaar. Dit, wat hij nu heeft gesproken, zien we niet in het Woord, maar het moet wel juist zijn, want de andere dingen die hij sprak waren ook waar."

Laat u niet misleiden. Want de bedrieger zal eerst vele harten willen bewerken, en dan zal hij zijn verraderlijke leerstellingen naar voren brengen. U kunt geen verschil zien tussen degenen die van Mij zijn en degenen die niet van Mij zijn wanneer ze beginnen met prediken. Maar zoek Mij voortdurend en als dan deze leerstellingen naar buiten komen, zul je in je hart bevestigd voelen dat deze niet van Mij zijn. Vreest niet, want Ik heb jullie gewaarschuwd. Velen zullen misleid worden. Maar als je in heiligheid en oprechtheid voor de Heer wandelt, zullen je ogen open zijn en zal de Heer je beschermen. Als je voortdurend naar de Heer kijkt, zul je weten wanneer de leerstelling verandert, en zul je er niet in worden opgenomen. Als je hart oprecht is, zal Ik je bewaren. En als je voortdurend naar Mij kijkt, zal Ik je steunen.

De dienaar van gerechtigheid zal deze wijsheid hebben – zijn leven zal in overeenstemming zijn met het Woord, en zijn lippen zullen voortbrengen wat volkomen waar is en het zal niet vermengd zijn. Kom je toch vermenging tegen, dan weet je dat het geen dienaar van gerechtigheid is. Misleiders spreken eerst waarheid en dan verdraaien ze het om hun eigen zonden, die ze koesteren, te bedekken. Daarom spoor Ik je aan en beveel Ik je om de schriften te bestuderen met betrekking tot verleidende geesten, want dit is een van de grote gevaren van deze laatste dagen.

Ik wil dat je stevig verankerd bent in Mijn Woord en niet in de persoonlijkheden van mensen, zodat je niet de verkeerde kant op getrokken wordt, zoals bij zovelen zal gebeuren. Dan houd Ik jou op de paden van gerechtigheid. Houd jezelf in de gaten en ga niet achter de verleidende geesten aan, die zichzelf al manifesteren. Ga steeds weer met je vragen naar Mij toe als je iets hoort dat je niet in het Woord tegengekomen bent, en bewonder geen mensen als persoon, want dit is precies hoe Satan veel van mijn mensen zal vasthouden.

Mensen van God, ik bid dat we wakker worden en serieus acht slaan op deze profetische waarschuwingen. Het uur nadert snel voordat onze Heer en Heiland Jezus Christus terugkomt. Daarom heeft de vijand van onze ziel zijn misleiding geïntensiveerd. Dit is de tijd om een echte herder te onderscheiden van een valse herder, want wie je in deze laatste dagen volgt, zal je einde bepalen.

INTRODUCTIE

God houdt van de mensheid, en in elk deel van de menselijke geschiedenis heeft Hij zijn uiterste best gedaan om voor Zijn schepping te zorgen. Omdat God wist dat wij kwetsbare schapen zijn die bescherming nodig hebben, heeft Hij herders over ons aangesteld. We noemen hen voorgangers en leraren, en hun rol is om de kinderen van God te beschermen, te verzorgen, te instrueren en toe te rusten. Ze worden zelfs geacht uiteindelijk de kudde van God naar de aanwezigheid van de Schepper te leiden. Maar er zijn, al in de tijd van het Oude Testament tot nu toe, altijd al mensen geweest die de gewaden aantrokken en de rol speelden. Maar in werkelijkheid zijn zij bedriegers, die misbruik maken van Gods volk voor eigen gewin.

Generaties lang doen valse profeten en onoprechte leraren al alsof ze het beste met Gods volk voor hebben. Ze beweren dat ze menselijke instrumenten zijn die directe woorden van God ontvangen hebben door de Heilige Geest. Maar uiteindelijk zijn het *geen* vertegenwoordigers van God en brengen ze de schapen schade toe tot het punt dat het hun ziel kost. Het evangelie van Mattheüs maakt dit heel duidelijk: Jezus zei: "Pas op dat niemand u misleidt. Want velen zullen komen onder Mijn Naam en zeggen: Ik ben de Christus; en zij zullen velen misleiden" (Matt. 24:4,5).

Wie zijn deze bedrieglijke leiders en hoe kunnen we ware herders onderscheiden van wolven in herderskleding? Dat is de vraag die ik onderzoek in *Herders, Huurlingen en Dictators: hoe ontdekken we het verschil?*

HOOFDSTUK 1

BOUWEN OP EEN STERK FUNDAMENT

HET ENIGE BETROUWBARE FUNDAMENT WAAROP WE ONS BESTAAN KUNNEN BOUWEN, is het fundament dat blijvend, onwankelbaar en onfeilbaar is. Dit fundament is niet van het soort dat van steen of cement gebouwd is, maar het is eerder een persoon – de enige perfecte Persoon die ooit geleefd heeft. Ik heb het hier over Jezus, de tweede persoon van de Drie-eenheid, die in de Schrift beschreven wordt als het perfecte Lam van God en de eniggeboren Zoon van God die de zonde van de wereld wegneemt.

Het Oude Testament legt uitgebreid uit hoe een systeem van bloedoffers werd ingesteld om verzoening te doen voor de zonden van de kinderen van Israël. De Bijbel zegt duidelijk dat ditzelfde systeem ook in het Nieuwe Testament bestaat: "En bijna alles wordt volgens de wet door bloed gereinigd, en zonder het vergieten van bloed vindt er geen vergeving plaats" (Hebr. 9:22).

Het boek Leviticus beschrijft de soms moeizame en altijd strikte regels voor het brengen van offers. Leviticus 1:10 zegt: "Als nu zijn offergave een brandoffer uit het kleinvee is, van de schapen of de geiten, moet hij een mannetje zonder enig gebrek aanbieden." Elk offer moest een perfect exemplaar zijn, zonder vlek, gebrek of smet van welke aard dan ook, om geaccepteerd te kunnen worden als bedekking of verzoening voor zonden.

Het systeem van bloedoffers dat in het Oude Testament wordt gevonden, was een type en schaduw – een voorspelling – van het laatste, volmaakte offer dat in de tijd zou komen en de belofte van God zou vervullen. Jezus van Nazareth was de vervulling van die belofte, en omdat Hij de enige persoon zonder zonde was die ooit geboren zou worden, werd Hij aangesteld om te sterven om te betalen voor de zonden van de wereld. Hij is ons volmaakte Lam, het model waarnaar elke goede herder moet worden gevormd.

Op dezelfde manier moeten God en zijn onveranderlijke Woord het fundament zijn, waarop wij ons persoonlijke leven bouwen. Mattheüs 7:26-27 spreekt over de wijsheid van bouwen op rots in plaats van zand en het waarschuwt ons ervoor dat als wij op zinkend zand bouwen, ons gebouw zal verschuiven en uiteindelijk zal vallen. Hetzelfde geldt als wij onbetrouwbare herders achternagaan die andere evangeliën leren en hun volk de verkeerde richting op sturen. Spreuken 25:19 zegt: "Zoals een gebroken tand en een verstuikte voet, zo is het vertrouwen op een trouweloze in de dag van benauwdheid." Met andere woorden, in tijden van beproeving, wanneer hij het hardst nodig is, zal hij eerder een hindernis zijn, dan een hulp. Alleen God is trouw en Hij verbreekt zijn beloften nooit.

God is net zo onwankelbaar en zo betrouwbaar als Zijn Woord. Hij is consequent en verandert niet (Mal. 3:6). De Heer is gisteren en heden Dezelfde en tot in eeuwigheid (Hebr. 13:8). Hij is niet wispelturig of humeurig, maar eerder standvastig en onveranderlijk, zelfs als wij ontrouw zijn.

Bankiers worden getraind in het herkennen van vals geld door het echte geld intensief te bestuderen, zodat ze het meteen herkennen als ze het zien. En wanneer ze in staat zijn om alle details van echt geld te identificeren, kunnen ze een vervalsing in een oogwenk herkennen. Dit is precies hoe Jezus zijn discipelen onderwees tijdens zijn aardse bediening, toen Hij hen instrueerde het Woord van de Waarheid te onderscheiden en recht te snijden, want dan alleen zouden ze valse leerstellingen kunnen herkennen. In Mattheüs 16:6 zei Jezus tegen de discipelen dat ze op hun hoede moesten zijn: "Kijk uit, en wees op uw hoede voor het zuurdeeg van de Farizeeën en de Sadduceeën."

Ter bescherming van zijn volk heeft God ons Zijn Heilige Geest, Zijn onfeilbare Woord en onderscheidingsvermogen gegeven. De apostel Johannes zegt ons dat we de geesten moeten beproeven om te zien of ze uit God zijn: "Geliefden, geloof niet elke geest, maar beproef de geesten of zij uit God zijn; want er zijn veel valse profeten in de wereld uitgegaan" (1 Joh. 4:1). Hij geeft de definitie van een valse profeet, als hij zegt: "Want er zijn veel misleiders in de wereld gekomen, die niet belijden dat Jezus Christus in het vlees gekomen is. Dat is de misleider en de antichrist" (2 Joh. 7). Johannes geeft ons geen complete definitie van wat een valse profeet is, maar hij beschrijft deze op basis van de groep mannen die hij op dat moment aansprak. Simpel gezegd, als herders het er niet mee eens zijn dat Jezus in het vlees gekomen is, zijn ze niet van God. Een goede boom kan geen slechte vruchten voortbrengen, net zoals een slechte boom geen goede vruchten kan voortbrengen. Het is onze taak om onderscheidende fruitinspecteurs te zijn om te bepalen of iemand echt van God is: "Zo zult u hen dus aan hun vruchten herkennen" (Matt. 7:20). Dit is de manier om op een stevig fundament te bouwen.

De Bijbel is geen gewoon boek. Het wordt niet voor niets het levende Woord genoemd. Hebreeën 4:12 zegt ons: "Want het Woord van God is levend en krachtig en scherper dan enig tweesnijdend zwaard, en het dringt door tot op de scheiding van ziel en geest, van gewrichten en merg, en het oordeelt de overleggingen en gedachten van het hart."

Het Woord van God bestaat al duizenden jaren, ondanks dat slechte mensen en zelfs de duivel geprobeerd hebben om het te vernietigen. Van alle boeken die ooit geschreven zijn, is het ook het enige boek dat werkelijk het hart van mannen en vrouwen van binnenuit kan veranderen. Daarom moet dit het fundament zijn, waarop al het andere gebouwd wordt. Elke andere fundering die gelegd wordt, is onder de maat en zal uiteindelijk falen. De Schrift moet de maatstaf zijn waaraan al het andere wordt gemeten. Als een leerstelling het onderzoek van de Bijbel niet doorstaat, moet ze worden verworpen. Want als ze niet de waarheid is, is ze een leugen.

In de laatste dagen zal het belangrijker dan ooit zijn, om God intiem te kennen, tijd door te brengen in gebed en de gezindheid en het hart van God te hebben. Het is essentieel om het Woord te kennen, zodat we niet in de war raken als we twijfelachtige leringen of verdraaiingen van het evangelie horen.

Het Doel van de Kerk

De Kerk van Jezus Christus vertegenwoordigt de bruid van Christus. De relatie is een voorbeeld van de liefde tussen Jezus, de Bruidegom, en zijn bruid, de Kerk.

Daarom moet de kerk niet alleen een plek zijn, waar mensen die ziek zijn van zonde, vergeving, verlossing en genezing zoeken; het zou een plek moeten zijn, waar de verlosten hun geestelijke evenwicht kunnen herwinnen, een veilige plek van een wereld die van elke gelegenheid misbruik maakt.

Als het levengevende Woord gepredikt wordt, zal het zijn eigen werk doen, door de kracht van de Heilige Geest. Het zal mensen transformeren en hen helpen beseffen dat de Koning der Koningen en Schepper van het universum Zijn troon in de hemel opgaf, de gedaante van een mens aannam, en in hun plaats stierf om hen te verlossen van zonde, hel, het graf en de klauwen van Satan zelf. Het doel van de kerk is mensen te onderwijzen en toe te rusten, zodat we veranderd worden naar een nieuw schepping in Christus Jezus en zo de liefde van God weerspiegelen naar degenen die Hem niet kennen (2 Kor. 5:17). En de kerk moet ons voorbereiden om zielen te winnen, hen tot discipelen te maken en tot volwassenheid te brengen, zodat ze anderen kunnen gaan vertellen over de onze Heer Jezus, of ze nu op de markt zijn, op het werk of waar ze zich ook bevinden (Matt. 28:19,20).

De kerk moet christenen opleiden om heilig te zijn, met een passie voor Jezus, en te functioneren in de gaven van de Geest met tekenen en wonderen die zullen volgen, zodat iedereen de waarheid mag begrijpen dat God een levende God is en dat Hij van hen houdt. De kerk heeft de opdracht om te prediken en ervoor te zorgen dat mensen geworteld raken in het Woord, zodat ze een reden kunnen geven voor de hoop die in hen is. Paulus zei: "Predik het Woord. Volhard daarin, gelegen of ongelegen. Weerleg, bestraf, vermaan, en dat met alle geduld en onderricht." (2 Tim. 4:2). De apostel Petrus vertelde ons: "Maar heilig God, de Heere, in uw hart; en wees altijd bereid tot verantwoording aan ieder die u rekenschap vraagt van de hoop die in u is" (1 Petr. 3:15).

DE OORSPRONKELIJKE BEDOELING VAN GOD

Psalm 103 zegt: "Hij heeft aan Mozes Zijn wegen bekendgemaakt, aan de nakomelingen van Israël Zijn daden" (103:7). Omdat Mozes goed bekend was met de wegen van God, kon hij niet worden misleid. God openbaart Zichzelf door Zijn Woord, Zijn wil, Zijn bevel en Zijn doel. Als we het hebben over de wegen van God, moeten we bij het begin beginnen om te begrijpen wat Zijn oorspronkelijke bedoeling is. Daarom is het zo belangrijk om tijd door te brengen in Gods Woord, want alleen daarin kunnen we Zijn oorspronkelijke bedoeling te weten komen. Er is geen andere manier om de wegen van God te kennen dan door tijd te besteden aan het lezen en overdenken van de Schrift.

Er zijn verschillende termen in het Engels die gebruikt kunnen worden voor *kennis* of *begrip*. We denken misschien dat we God begrijpen omdat we *over* Hem gehoord hebben. Maar in Gods koninkrijk betekent het woord *kennis* niet alleen het hebben van intellectuele informatie over iets. Het is eerder een intieme, voortgaande openbaring, die een permanente en leven veranderende transformatie in het hart teweegbrengt.

Om echt de waarheden van God te begrijpen, hebben we een openbaring nodig, door de Heilige Geest gegeven. Anders beschikken we alleen over een verzameling feiten die uiteindelijk niets betekenen. In werkelijkheid is het de Geest van God die ons openbaart en ons helpt de diepte te begrijpen van wie God is en hoe Hij werkt (1 Kor. 2:7-12). Zonder de Geest van God zijn er alleen dode woorden. De Geest brengt leven, stabiliteit, openbaring en uiteindelijk ongeëvenaarde gemeenschap met onze verbazingwekkende God.

Helaas wordt het doel van de kerk in onze tijd verkeerd begrepen en verdraaid. Voor sommigen is het de plek geworden om een carrièrenetwerk op te bouwen en zakelijke contacten te leggen. Deze dingen zijn op zichzelf niet verkeerd. Maar als de kerk meer als een zakelijke beurs functioneert, zijn wij kwijt waar het om gaat. Ook als de kerk als datingservice wordt gebruikt zijn we onze richting kwijtgeraakt. Veel relaties tussen broeders en zusters in Christus zijn aangetast door zo'n wereldse praktijk.

Op veel plaatsen is de kerk een centrum voor louter amusement geworden met veel volgers. Op zulke plaatsen is de Bijbel gewoon een rekwisiet, gebruikt als hulpmiddel, maar niet als de Bron; er is geen echte leerstelling of verklaring van de betekenis van de Schrift. Er worden alleen geïsoleerde verzen gebruikt om 'zoekers' te inspireren, maar niet om ze uit te dagen. Wat gebeurt er als zoekers in de handen van een wereldse kerk terecht komen? Ze worden louter klanten en geen authentieke aanbidders. Erger nog, ze zijn ervan overtuigd dat ze God kennen en dat ze er klaar voor zijn om Christus te ontmoeten. Ze geloven dat ze verlost zijn, maar er heeft geen echte wedergeboorte plaatsgevonden. Ze geloven dat ze gered zijn van de toorn van God, maar er heeft geen heiliging plaatsgevonden. Ze geloven dat ze vergeving hebben ontvangen voor hun zonden, maar hebben de Bijbelse bekering genegeerd en gebagatelliseerd. Jezus predikte geen evangelie van vergeving, hij predikte een evangelie van berouw! "Bekeer u, want het Koninkrijk der hemelen is nabijgekomen," predikte Hij (Matt. 4:17). Je zonden kunnen pas vergeven worden als je je bekeert;

Maar je kunt je pas bekeren als je van je zonden overtuigd bent.

Onlangs zei een leider van een van de grootste kerken in Amerika dat het niet zijn doel is om mensen zich schuldig te laten voelen, aangezien het leven zelf dat al dagelijks doet, want als je de mensen een schuldgevoel oplegt, zullen ze uitgeschakeld worden en vertrekken. Welnu, ik neem aan dat Jezus die memo niet kreeg – Hij leerde op zo'n manier dat veel van zijn discipelen wegliepen en Hij wendde zich tot de Twaalf die door Hem uitgekozen waren en vroeg of ze ook niet weg wilden gaan (Joh. 6:60-71). Op andere plaatsen zijn er die de kerk gebruiken om geld naar binnen te halen. Wanneer de kerk zo'n veilige haven wordt dat mensen afgeperst kunnen worden zonder betrapt te worden, is er maar één juiste reactie op deze zogenaamde leiders. Namelijk om aan Jezus' rechtvaardige woede te denken toen hij de tempel reinigde in het tweede hoofdstuk van het Evangelie van Johannes (13-17).

De kerk is zoveel kwijt van haar oorspronkelijke bedoeling dat ze nauwelijks meer herkenbaar is als het lichaam van Christus. Tegenwoordig is het normaal als er verdeeldheid, partijen, kritiek, machtsstrijd, argumenten, twist, jaloezie en concurrentie tussen broers en zussen in Christus plaatsvindt. Hoe triest is dit? Jezus zei ons het volgende: "Een nieuw gebod geef Ik u, namelijk dat u elkaar liefhebt; zoals Ik u liefgehad heb, moet u ook elkaar liefhebben. Hierdoor zullen allen inzien dat u Mijn discipelen bent: als u liefde onder elkaar hebt" (Joh. 13:34,35). Als de wereld alleen Christus kan zien door naar Christenen en de kerk te kijken, wat zijn we dan een lange weg afgevallen.

Het was nooit Gods bedoeling dat de kerk zou functioneren als een bedrijf in het Amerikaanse bedrijfsleven en het is ook nooit bedoeld als magazijn om een partner te vinden. Mensen die hiervoor naar de kerk gaan, worden misleid. Misschien moeten we hun vruchten wel onderzoeken of ze überhaupt God wel kennen. Het is een trieste waarheid dat als iemand naar de kerk gaat, de Schrift van voor naar achteren citeert, alle liederen zingt en overal aan mee doet, dit nog niet hoeft te betekenen dat hij of zij een echt Christelijke gelovige is! Het zou ons moeten ontnuchteren om te beseffen dat de duivel de Schrift net zo goed kan citeren als de meest ontwikkelde christelijke geleerden (Luc. 4:9-11). Het enige verschil is dat hij het gebruikt om anderen te manipuleren en te misleiden. Hetzelfde geldt voor ontrouwe herders.

Als het lichaam van Christus stellen we onszelf open voor dit soort misleiding wanneer we vanuit ons vlees werken, in plaats van ons op alle gebieden van ons leven aan God te onderwerpen. Het zou verstandig zijn om onszelf te beschermen door ervoor te zorgen dat wat ons wordt geleerd in overeenstemming is met Gods Woord.

HOOFDSTUK 2

WORDT NIET MISLEID

"En Jezus ging weg en vertrok uit de tempel; en zijn discipelen kwamen naar Hem toe om Hem op de gebouwen van de tempel te wijzen. Jezus antwoordde en zei tegen hen: Ziet u dit alles? Voorwaar, Ik zeg u: hier zal niet één steen op de andere steen gelaten worden die niet afgebroken zal worden. Toen Hij op de Olijfberg zat, gingen de discipelen naar Hem toe toen zij alleen waren, en zeiden: Zeg ons, wanneer zullen deze dingen gebeuren? En wat is het teken van Uw komst en van de voleinding van de wereld? En Jezus antwoordde en zei tegen hen: Pas op dat niemand u misleidt. Want velen zullen komen onder Mijn Naam en zeggen: Ik ben de Christus; en zij zullen velen misleiden" (Matt. 24:1-5).

Jezus stond op het punt de profetie te vervullen. Met het besef dat Hij nog maar een paar dagen op aarde had, voordat Hij gekruisigd zou worden, ging Hij naar de tempel en legde een verklaring af aan de Farizeeën. Hij zei dat Hij hun huis als een woestenij voor hen achter zou laten (Matt. 23:38). Met andere woorden; alles wat ze hadden gebouwd, zou afgebroken worden. Niet lang daarna vroegen de discipelen aan Jezus of Hij de prachtige gebouwen had gezien, waaronder een tempel, door Herodes gemaakt, bedekt met goud en kostbare edelstenen. Omdat ze wisten hoe arbeidsintensief de tempel was, waren ze verbaasd toen Hij zei dat er een dag zou komen waarop het zou worden afgebroken. In wezen waarschuwde de Heer hen ervoor zich niet te laten meeslepen door de schijn. Een mooie buitenkant kan bedrieglijk zijn. Hij sprak over witgepleisterde graven, "die vanbuiten wel mooi lijken, maar vanbinnen zijn ze vol doodsbeenderen en allerlei onreinheid" (Matt. 23:27).

Terwijl ze naar de Olijfberg liepen, begon Jezus hun het teken van Zijn komst en van het eind der tijden (technisch gesproken, eschatologie, of de leer van de laatste dingen) te leren. Deze laatste dingen zijn erg belangrijk, omdat ze waarschuwingen, tekenen en mijlpalen bevatten die aangeven dat de wederkomst van Christus aanstaande is.

God Verbreekt Zijn Stilte en het Oordeel Wordt Voltrokken

Zo vaak noemen leraren slechts één teken van de laatste dagen – oorlogen en geruchten van oorlogen. Maar dat was niet het eerste of enige teken dat Jezus noemde. Hij sprak ook over de vernietiging van de tempel en over een toename van misleiding. En hoewel er ook in Jezus' tijd misleiding voorkwam, waarschuwde Hij dat de misleiding enorm zou toenemen naarmate Zijn terugkeer naderde.

Op dat moment wendde Jezus zich tot de leiders die verantwoordelijk zouden zijn voor de prediking van het evangelie. Zijn opmerkingen over misleiding waren tot hen gericht. Het is van wezenlijk belang om duidelijk te maken dat de Heer het niet had over een toename van de radicale mosliminvloed, of over vervolging door andere ongelovigen. Evenmin wees Hij naar degenen die Jezus als de Zoon van God zouden verwerpen. Hoe verrassend ook, Hij verwees naar een misleiding die onder Christenen zou plaatsvinden, binnen zijn eigen kerk.

Hij wende zich tot de discipelen en zei: "Pas op dat niemand u misleidt. Want velen zullen komen onder Mijn Naam en zeggen: Ik ben de Christus; en zij zullen velen misleiden."

Veel Christenen hebben deze passage zo geïnterpreteerd dat we moeten uitkijken voor degenen die komen en die beweren de Christus te zijn, *de Gezalfde*. Maar wat Jezus bedoelde was dat velen in naam van Christus zullen komen, *niet met Zijn naam*, en zullen beweren dat ze gezalfd zijn om Hem te vertegenwoordigen en namens Hem te spreken. Met andere woorden, "De Heer zei me dat ik u dit moest vertellen" of "De Heer heeft dit tot mij gesproken." "De Heer heeft mij deze openbaring gegeven" of "De Heer heeft mij geroepen om dit te doen." (Velen beweren "De Heer heeft mij geroepen om dit te doen," zelfs als de roeping in strijd is met het Woord van God. Jezus zal nooit iemand oproepen om iets te doen dat tegen de Schrift ingaat.)

Jezus zei dat velen degenen zouden volgen die beweren Hem te vertegenwoordigen, terwijl Hij hen nooit gezonden of goedgekeurd heeft. En nu komt het meest verontrustende: In het Grieks heeft het woord *veel* de betekenis van: meer dan, overvloedig en meerderheid; eigenlijk beschrijft het een getal dat zo groot is, dat het niet te tellen is. Het volgen van zulke valse leraren zal ons alleen maar in moeilijkheden en verwarring brengen. De Bijbel zegt dat als de blinde een blinde geleidt, ze beiden in een kuil zullen vallen (Matt. 15:14). In dit geval verwijst de kuil echter naar de eeuwige scheiding van God.

In de laatste dagen zal God zich uitspreken en veel dingen uit de kast halen. Tot nu toe observeert Hij de kerk in stilte. Maar nu is Hij klaar met beraadslagen en staat hij op het punt Zijn oordeel te vellen. Als lichaam van Christus hebben we Gods stilzwijgen opgevat als goedkeuring en tolerantie voor ons gedrag en onze leringen. Maar dat is helemaal niet wat Zijn stilzwijgen betekent. Zijn stilzwijgen duidt op een spoedig oordeel: "Zulke dingen doet u en Ik zwijg; u denkt dat Ik net zo ben als u. Ik zal u straffen en uw zonden voor uw ogen uitstallen" (Ps. 50:21). Zodra God de overgang heeft gemaakt van observatiemodus naar beloningsmodus, zullen mensen worden beloond voor hun werk, of het nu goed of slecht is. De Bijbel zegt dat het oordeel aanstaande is: "Want nu is het de tijd dat het oordeel begint bij het huis van God; en als het eerst bij ons begint, wat zal het einde zijn van hen die het Evangelie van God ongehoorzaam zijn? En als de rechtvaardige nauwelijks zalig wordt, waar zal de goddeloze en de zondaar verschijnen?" (1 Petrus 4:17-18).

Het woord *oordeel* jaagt angst aan in ons hart, maar het betekent gewoon dat de Almachtige God op het punt staat een beslissing te nemen op basis van Zijn onderzoek. Wij zouden er niet bezorgd over moeten zijn, tenzij we van de waarheid zijn weggelopen en tegen God in opstand zijn gekomen. Herinner je je het verhaal van de aartsvader Abraham? God kwam naar de aarde met twee engelen en probeerde te beslissen of Hij Abraham alles zou vertellen, ondanks het feit dat Hij op een dag de vader van een grote natie zou worden (Gen. 18:1-35) Tijdens die interactie vertelde God Abraham dat een van de redenen waarom Hij naar beneden kwam, was om te zien of wat Hij hoorde over Sodom en Gomorra echt waar was. Toen Hij zag dat het waar was, deed God zijn oordeel en velde Hij een oordeel over beide.

Maar omdat Abraham bad en God vroeg om zijn neef Lot, een inwoner van die slechte stad, te sparen, nam God engelen in dienst om zijn geliefden op het nippertje te verwijderen.

God houdt van zijn volk en Hij geeft altijd een waarschuwing als het tijd is om verder te gaan. Misschien probeert Hij ons nu te waarschuwen dat het tijd is om ontrouwe kerken te verlaten, omdat het oordeel komt. Waarom zou God dit woord nu vrijgeven? Omdat er nog steeds veel rechtvaardigen zitten onder de leer van huurlingen en dictators. Veel van deze kerken gaan sluiten en stoppen met uitzenden via radio en televisie vanwege gebrek aan ondersteuning. In feite zal God ze sluiten omdat ze eerder een 'visioen' van de mens waren dan een openbaring van God.

De vraag die we ons dan moeten stellen is deze: als God zijn volk zo liefheeft, waarom laat Hij dan in de eerste plaats toe dat schadelijke leiders in de kerk christenen misleiden? Hoewel dit vraagstuk verwarrend kan zijn, past het volledig bij het karakter van God, die zijn volk altijd waarschuwt, zodat ze toegerust zijn om verstandige keuzes te maken. Ware liefde zal altijd van tevoren waarschuwen. Dit gaat al helemaal terug tot de hof van Eden, toen God Adam vooraf waarschuwde: "Van alle bomen van de hof mag u vrij eten, maar van de boom van de kennis van goed en kwaad, daarvan mag u niet eten, want op de dag dat u daarvan eet, zult u zeker sterven" (Gen. 2:16-17).

Toen de discipelen Jezus vroegen om hun te vertellen wat de tekenen van Zijn komst en de voleinding van de wereld zouden zijn, antwoordde Hij hun door te zeggen: "Pas op dat niemand u misleidt. Want velen zullen komen onder Mijn Naam en zeggen: Ik ben de Christus; en zij zullen velen misleiden." Hij waarschuwt ons voor wat komen gaat, en rust de kerk opnieuw uit voor al het goede. Als we luisteren, zullen we wijs zijn en acht slaan op de waarschuwingen over valse herders en hoe we ze kunnen identificeren.

HOOFDSTUK 3

GEGROND GELOOF

DE AFGELOPEN JAREN HEBBEN WE VEEL HOREN PREDIKEN OVER GELOOF, en dat heeft vaak tot verwarring geleid. Dit komt omdat het onderwerp 'geloof' is misbruikt en verdraaid.

Wat is geloof? De schrijver van de brief aan de Hebreeën zegt: "Het geloof nu is de zekerheid der dingen, die men hoopt, en het bewijs der dingen, die men niet ziet" (Hebr. 11:1 NBG '51). Dit is waar, maar het is meer een beschrijving en niet de definitie van het geloof. De definitie van het geloof is: God vertrouwen onder alle omstandigheden. Deze kijk op geloof stelt gelovigen in staat te allen tijde te volharden en trouw te blijven aan God en Zijn Woord.

Het belangrijkste om te onthouden is het fundament waarop ons geloof is gebouwd. Er is een brede kijk op wat geloof kan betekenen. Zowel Moslims als Boeddhisten hebben bijvoorbeeld geloof. In het geval van een christen (iemand die een persoonlijke relatie heeft met Jezus Christus), rust het geloof in Christus en komt het door het horen van het Woord van God, dat getuigt van Zijn trouw.

Een Christen kiest ervoor om God op Zijn Woord te geloven, en te geloven wat Hij heeft gezegd.

Als we tijd met de Heer doorbrengen, kunnen we Hem goed leren kennen en zelfs precies begrijpen hoe Hij denkt, inclusief over wat Hij liefheeft en haat. Romeinen 12:2 zegt: "..veranderd door de vernieuwing van uw gezindheid om te kunnen onderscheiden wat de goede, welbehaaglijke en volmaakte wil van God is." Dat is wat het betekent als we zeggen dat gelovigen de gezindheid van Christus hebben. Deze dingen vormen dus het stevige fundament waarop een kind van God zijn of haar leven kan inzetten.

God heeft ons werkelijk alles gegeven wat we nodig hebben om de wereld, het vlees en de duivel te overwinnen. Gods eigen DNA woont in de Heilige Geest die in ons woont. Welnu, dat is iets om enthousiast van te worden! Daarom staat alles wat we nodig hebben om de vijand te verslaan al tot onze beschikking. Eerst moeten we geloven, dan de volledige wapenrusting van God aandoen (Ef. 6:13), en vervolgens standhouden tegen de listen van de boze in plaats van verslagen op ons zwaard te vallen.

De heerlijkheid van de Vader woont in ons. Hij heeft ons geschapen met een lichaam dat wonderbaarlijk is ontworpen. Hij gaf ons broeders en zusters van hetzelfde christelijke geloof, zodat we nooit geïsoleerd zouden leven. Toen Adam en Eva zondigden, had Hij al een plan om het plan van de vijand, om ons voorgoed te vernietigen, te omzeilen. Hij hield van ons toen we allesbehalve beminnelijk waren, en Hij stierf om ons te verlossen van de zonde, dood en eeuwige scheiding. Daarna maakte Hij plannen om persoonlijke tijd alleen met ons door te brengen, omdat Hij van gemeenschap houdt en een hechte band met ons wil hebben. God wordt nooit afgeleid; Hij buigt zich zelfs naar ons toe om onze gebeden te horen (Psalm 40:1-3). Zijn lijn is nooit bezet, en Hij zegt ons ook niet: "Druk één voor meer opties." Christus is er voor ons vierentwintig/zeven, en belooft ons nooit te verlaten of in de steek te laten (Hebr. 13:5). Wij zouden ondersteboven moeten zijn van het kennen van deze dingen. Op dezelfde manier wil God dat wij ons ontwikkelen en onze talenten gebruiken om anderen te zegenen. Hij wil dat we wat we bezitten gebruiken om het koninkrijk te vestigen. Dit zou het doel moeten zijn van elke goede herder.

De Houding van een Goede Herder

Velen hebben misschien hun eigen mening over wat zij als een goede herder beschouwen. Maar een goede herder is in werkelijkheid iemand met teder mededogen voor de schapen en doet wat het beste is voor de schapen in het licht van de eeuwigheid. In het tweede hoofdstuk van 1 Korintiërs vertelt Paulus over zijn gevoelens als herder:

> "En ik, broeders, toen ik bij u kwam, ben niet gekomen om u met voortreffelijkheid van woorden of van wijsheid het getuigenis van God te verkondigen, want ik had mij voorgenomen niets anders onder u te weten dan Jezus Christus, en Die gekruisigd. En ik was bij u in zwakheid, met vrees en veel beven. En mijn spreken en mijn prediking bestonden niet in overtuigende woorden van menselijke wijsheid, maar in het betonen van geest en kracht, opdat uw geloof niet zou bestaan in wijsheid van mensen, maar in kracht van God…. Aan ons echter heeft God het geopenbaard door Zijn Geest. De Geest immers onderzoekt alle dingen, zelfs de diepten van God….Maar de natuurlijke mens neemt de dingen van de Geest van God niet aan, want ze zijn dwaasheid voor hem. Hij kan ze ook niet leren kennen, omdat ze geestelijk beoordeeld worden" (1-5,10,14).

God geeft ons leven en gebruikt ons als instrumenten om de woorden van genezing en herstel te spreken die een verandering van hart teweegbrengen. Niet iedereen kan zomaar door God worden gebruikt, want Hij kiest met eigen hand degenen uit die nederig zijn en tot Hem naderen, en Hij machtigt degenen die erkennen dat Hij de enige bron van leven is.

Paulus is een goed voorbeeld van zo'n herder. Hij begreep zijn rol als geestelijk leider, maar hij predikte nederig met angst en beven, wetende dat God hem ter verantwoording zou roepen als hij zijn volk zou misleiden.

Zou Jouw Voorganger deze Brief Geschreven Kunnen Hebben?

Paulus deelde zijn verlangens en het potentieel dat hij zag voor de groei en geestelijke volwassenheid van de kerk:

> "aan de gemeente van God die in Korinthe is, aan de geheiligden in Christus Jezus, geroepen heiligen, met allen die de Naam van onze Heere Jezus Christus aanroepen, in elke plaats, zowel hun als onze Heere: genade zij u en vrede van God, onze Vader, en van de Heere Jezus Christus. Ik dank mijn God altijd voor u, vanwege de genade van God die u gegeven is in Christus Jezus. U bent namelijk in alles rijk geworden in Hem, in alle spreken en alle kennis, naarmate het getuigenis van Christus bevestigd is onder u, zodat het u aan geen genadegave ontbreekt, terwijl u de openbaring van onze Heere Jezus Christus verwacht. God zal u ook bevestigen tot het einde toe, zodat u onberispelijk zult zijn op de dag van onze Heere Jezus Christus" (1 Kor. 1:2-8).

Een voorganger die deze brief had kunnen schrijven, is

een goede herder. Er is aanmoediging in de toon van Paulus. Er is opwinding in zijn hart en vertrouwen in zijn stem als hij de Korintiërs aanspoort tot godsvrucht. Een goede herder zal zijn schapen respecteren en erop vertrouwen dat God te allen tijde in hen werkt. Hij zal opbouwende woorden van innige en oprechte zegen spreken – geen loze woorden van vleierij. Hij deinst niet terug voor de harde waarheden die herhaling vereisen, omdat de menselijke natuur de neiging heeft her verpakte leugens te geloven. Hij begrijpt dat hij door Christus de opdracht heeft gekregen om de dingen te prediken die in lijn zijn met een gezonde leer, want hij weet dat alleen een gezonde leerstelling een gezond leven kan voortbrengen (1 Tim. 4:16; Titus 2:1). Als uw voorganger niet zo'n houding heeft ten opzicht van u en anderen in uw gemeente, wordt het dan geen tijd om een ander te zoeken die dat wel zal doen?

De Volgorderlijkheid van God

Voordat God een belofte openbaart, zal Hij zijn volk eerst op de juiste plek zetten. Met andere woorden, voordat de Meester iets nieuws doet in ons leven, zal Hij ons eerst terugbrengen naar Zijn oorspronkelijke orde, zodat we een solide startpunt hebben om van daaruit verder te bewegen. Toen Jezus vrijgezet werd in Zijn bediening, had God al een voorloper gezonden die Johannes de Doper heette. Het enige doel van Johannes was om de weg voor Christus te bereiden door de Joodse natie naar een plaats van berouw te brengen en hun relatie met de Vader te herstellen. De opdracht van Johannes was belangrijk, omdat het de Schriftgeleerden en Farizeeën gelukt was om Gods Woord te verdraaien en te devalueren, waardoor het zijn oorspronkelijke betekenis kwijt was geraakt.

Het religieuze systeem in de dagen van Johannes bestond al heel lang, maar het bleef verkeerd. Alleen omdat iets al heel lang bestaat, betekent dat nog niet dat het van God is – zelfs als het goed begonnen is. De Vader heeft de Zoon op het toneel gebracht om de orde die verloren was gegaan te herstellen, om het leven te herstellen in een dood systeem van religie. Maar Hij stofte het niet alleen af, en ruimde niet alleen dingen op; Hij transformeerde het door de status quo daadwerkelijk te verstoren en de wereld op zijn kop te zetten. Steeds weer bracht Hij verwarring door de onbruikbaarheid van de logica van mensen aan te tonen, tot aan het punt dat de religieuze leiders van die dag vonden dat Jezus een bedreiging voor hun systeem was en ze beraamden hoe ze Hem zouden kunnen doden (Markus 3:6).

In de tijd van Jezus was Herodes koning, maar in werkelijkheid was zijn regering onwettig. Volgens de Bijbelse geschiedenis zou de koning van Israël uit de stam van Jacob komen, niet uit de stam van Ezau (Gen. 27:28-29). Herodes was echter een Edomiet, uit het geslacht van Ezau. In Romeinen 9:13 lezen we over wie God koos en wie Hij verwierp: "Zoals geschreven staat: Jakob heb Ik liefgehad en Ezau heb Ik gehaat." Het is heel duidelijk dat God plannen had om de belofte via Jacob uit te laten komen, en het was Gods bedoeling dat de familielijn van Jacob zou gaan regeren. Toen Jezus ten tonele verscheen, was het koningschap overgedragen aan een afstammeling van Ezau's geslacht. Hij gaf niets om God en leefde niet volgens goddelijke principes. En hoewel er nog steeds mensen waren die in geloof leefden, was het tijd voor een verandering.

De Schriftgeleerden en Farizeeën in de tijd van Jezus besteedden al hun tijd aan het bestuderen van de wet. Ze kenden de Schrift uit hun hoofd, maar ironisch genoeg konden ze de Messias niet herkennen toen Hij arriveerde (Joh. 5:39-43). Ze kenden de Schrift, net zoals het voor ons mogelijk is om het te kennen, van binnen naar buiten en van boven naar beneden, en toch kenden ze God niet persoonlijk. Er zijn hoog aangeschreven seminarie professoren met allerlei initialen achter hun naam, die geen persoonlijke relatie met Christus hebben. Ze kennen een groot aantal feiten over Jezus en Zijn leven, maar ze hebben geen intieme relatie met onze levende Heer. Ze kennen Hem niet. En dat klinkt misschien verrassend, aangezien zovelen van ons aannemen dat degenen die veel kennis hebben, persoonlijk bekend moeten zijn met de Bron.

Het is nog steeds Gods bedoeling om de wereld te verwarren met de eenvoud van het evangelie van Christus. In deze laatste dagen moeten we terug naar de basis. We moeten heilig zijn, verlangen naar de aanwezigheid van God en ons hart voorbereiden, zodat Hij Zichzelf zal openbaren en onder ons zal bewegen om zijn koninkrijk te vestigen.

We moeten de geheime plaats van God binnendringen, zodat we Hem kunnen kennen, want zonder gemeenschap zijn we onderhevig aan misleiding en zijn we kwetsbaar voor de leugens van de vijand. Dat iets lijkt te werken en zelfs logisch is, wil nog niet zeggen dat het van God is. Dat iemand een enorme aanhang heeft, betekent dat nog niet dat ze gezalfd zijn (denk aan Simon de tovenaar in Handelingen 8:9-10). Het is tijd om wat we zien af te meten aan wat Gods Woord zegt en ons hart te laten leiden door de Heilige Geest.

Volgens 2 Timotheus 4:2 krijgen ware leiders deze opdracht: "Predik het Woord. Volhard daarin, gelegen of ongelegen. Weerleg, bestraf, vermaan, en dat met alle geduld en onderricht."

Ze moeten de waarheid in liefde spreken en leerstellige thema's onderwijzen, waaronder verzoening, de overtuiging van de Heilige Geest, zonde, gerechtigheid, oordeel en berouw. Ze moeten een voorbeeld zijn in heiligheid en wijsheid, goede werken doen en liefde en vergeving tonen. Ze moeten het Woord van de waarheid recht snijden en hun mensen aanmoedigen om God lief te hebben met heel hun hart, ziel, verstand en kracht. Ze moeten hen leren onderscheid te maken tussen het reine en het onreine, zichzelf te verloochenen, hun kruis op te nemen en Hem dagelijks te volgen. Waar horen we dat soort prediking nog?

De eerste brief van Paulus aan Timotheüs is echt het perfecte handboek voor leiders. Toen de apostel het schreef, wist hij dat Timotheüs zich jong en slecht toegerust voelde om met hem te reizen en onderweg te dienen. En toch moedigde Paulus hem aan om Gods Woord te kennen en er samen met hem doorheen te gaan. Paulus gaf deze definitie over wat een ouderling zou moeten zijn:

> "Een opziener nu moet onberispelijk zijn, de man van één vrouw, beheerst, bezonnen, eerbaar, gastvrij, bekwaam om te onderwijzen, niet verslaafd aan wijn, niet vechtlustig, niet uit op schandelijke winst, maar welwillend, niet strijdlustig en zonder geldzucht. Hij moet goed leidinggeven aan zijn eigen huis, zijn kinderen onderdanig houden, in alle waardigheid. Want als iemand niet weet hoe hij leiding moet geven aan zijn eigen huis, hoe zal hij voor de gemeente van God zorg dragen? Hij mag geen pasbekeerde zijn, opdat hij niet verwaand wordt en daardoor onder het oordeel van de duivel valt. Hij moet ook een goed getuigenis hebben

van buitenstaanders, opdat hij niet in opspraak komt en in een strik van de duivel terechtkomt" (3:2-7).

Dit is geen uitputtende lijst van de karaktereigenschappen die een leider moet vertonen. We kunnen ervan uitgaan dat Paulus ook bedoelde dat een leider vrij moet zijn van verslavingen en een in elk opzicht integer moet zijn. Ware herders zullen nooit iets toevoegen aan, of wegnemen, van het Woord van God, "heel het raadsbesluit van God," met andere woorden, alles waarvan God wil dat de kudde het weet (Handelingen 20:27), en ze zullen het ook nooit minder nauw nemen met de richtlijnen die God serieus neemt. En ware herders zullen nooit naar de zonde knipogen. In plaats daarvan zullen ze in elke situatie de wijsheid van God zoeken en moeilijke kwesties aanpakken die de schapen uiteindelijk hun ziel kunnen kosten.

Een godvruchtig herder zou de uiteindelijke gezondheid en het welzijn van de schapen tot doel moeten hebben, en hen moeten toerusten om het Woord van de waarheid recht te snijden. Het welzijn van degenen die onder zijn hoede zijn, heeft betrekking op zowel het spirituele, emotionele als het fysieke (in die volgorde). Daartoe zal hij woorden van leven spreken en ziet hij voor zich hoe de schapen volwassen en heel worden in Christus, met het besef dat de Heilige Geest het werk zal doen om ze in Gods tijd steeds meer tot volwassenheid te brengen. En hoewel een voorganger geduldig is terwijl ze groeien, weet hij ook dat God er niet wil dat ze onvolwassen blijven: "Broeders, word geen kinderen in uw denken, maar wees kinderlijk in de slechtheid, en word in uw denken volwassen" (1 Kor. 14:20).

Een goede herder onderwijst de hele raad van God in de context waarin deze is geschreven. Hij doet geen water bij de wijn om het smakelijker te maken, of brengt geen veranderingen aan om zijn toehoorders tegemoet te komen om een populariteitswedstrijd te winnen. In plaats daarvan deelt hij het Woord, zoals het in zijn geheel is en staat hij toe dat God verantwoordelijk is voor de uitkomst. God instrueerde de profeet Jeremia door hem te bevelen: "Spreek tot hen alle woorden die Ik u geboden heb tot hen te spreken. Doe er geen woord van af. Misschien zullen zij luisteren en zich bekeren, zij allen van hun slechte weg. Dan zal Ik berouw hebben over het kwade dat Ik hun denk aan te doen vanwege hun slechte daden" (26:2,3). De goede herder doet wat God zegt; hij maakt zich geen zorgen of mensen zich aangevallen voelen (Matt. 15:12-14). De waarheid is dat het Woord op zich er al voor zorgt dat mensen die weigeren te horen en zich te bekeren, zich aangevallen voelen. In feite komt niemand tot God, tenzij God hem of haar daartoe in staat heeft gesteld. (Joh. 6:60-68).

En hoewel een arbeider zijn loon waard is (1 Tim. 5:17-19), gebruikt een ware leider zijn pastorale autoriteit niet om zijn zakken te vullen. Net als Jezus moet hij een hand open hebben voor God, wetende dat God van vrijgevigheid houdt en belooft in zijn behoeften te voorzien.

Veel voorgangers beginnen in vuur en vlam voor God, gehoorzamen aan de leiding van de Geest, en toch beginnen ze zich ergens langs de lijn te concentreren op het technische proces van leiderschap in plaats van op God zelf. Ze beginnen een bedrijfs-succesmodel toe te passen op de kerk alsof het gewoon een ander bedrijf is om te runnen. Als een herder zijn ogen van Jezus afwendt, zijn problemen onvermijdelijk, omdat God niet langer het middelpunt van de aandacht is. En wanneer iemands focus verandert, vindt er ook een subtiele verandering plaats in iemands prediking. *Dit is het begin van een compromis en het afdalen van de gladde helling naar valse leer.*

Om op het goede spoor te blijven, is het verstandig voor degenen die leidinggevende posities bekleden om dagelijks hun hart te onderzoeken om te zien wie er op de troon van hun leven zit. Ze dienen zichzelf er vaak aan te herinneren waarvan ze gered zijn en ze moeten zichzelf een houding van dankbaarheid en dienstbaarheid aanmeten om nooit koud te worden naar God toe. Ze moeten niet vergeten dat hij die zichzelf verhoogt, vernederd zal worden, terwijl God degene die zichzelf vernedert zal verhogen (Matt. 23:11-12).

Het is gemakkelijk om apathisch te worden en verveeld te raken als we het evangelie jarenlang hebben gehoord, alsof het oud nieuws is. Maar het evangelie van genade van Christus is echt een reden tot grote opwinding. Wij zouden tot tranen toe bewogen moeten raken als we naar het wonderlijke kruis kijken en beseffen dat wij het daar hangend hadden moeten zijn. En als we apathisch worden en onze interesse in geestelijke zaken verliezen is het de taak van een herder om degenen die de verkeerde kant op gaan, te waarschuwen. De herder waarschuwt voor gevaren en valstrikken die voor ons op de weg liggen, net zoals Ezechiël deed toen hij een wachter was voor het huis van Israël (Ezech. 33:1-6). Hij moet hen zo toerusten dat ook zij rechtstreeks uit de mond van God horen, zodat wanneer de herder niet in de buurt is, de schapen in staat zijn wijsheid toe te passen om te voorkomen dat ze in bedrog vervallen, en de volle mate van de volheid van Christus bereiken (Ef. 4:11-13).

Zelfs voorgangers die een echt hart hebben naar God, kunnen de neiging hebben ontmoedigd te raken en hun eigen bediening te beoordelen op basis van de grootte van hun gemeente of het bedrag in de collectezak. Maar deze dingen zijn geen indicatoren voor succes. Succes moet eerder worden afgemeten aan de toenemende volwassenheid van de mensen en aan het feit of ze al dan niet meer hartstochtelijk voor Jezus worden. Het wordt gemeten aan dingen als: raken christenen om zich heen levens van andere mensen, bidden ze voor mensen, winnen ze anderen voor Christus. Het wordt gemeten aan mensen die zich afkeren van de macht van Satan naar de macht van God.

In feite betekent het feit dat een kerk 'groot succes' heeft (zoals de wereld het ziet) vaak dat de kerkleider oren strelende woorden spreekt om de bezoekersaantallen op te pompen met als doel de schatkist van de kerk (voorganger) te vergroten. Als dat de reden is dat een kerk groeit, zal Gods geest uiteindelijk weggaan en *Ichabod*, wat betekent: *de Heer is weggegaan,* op de deurpost schrijven. Om het aantal aanwezigen omhoog te brengen en de schatkist te vergroten, prediken veel voorgangers een breed evangelie. Maar de getrouwe herder zal gemeenteleden op de smalle weg leiden om populariteit, hoe verleidelijk ook, te vermijden, hoe verleidelijk dat ook mag zijn. De weg naar het verderf is breed, maar de weg naar het leven is smal (Matt. 7:13, 14).

Het zou interessant zijn om te kijken hoe vaak predikanten hun onderwijs beginnen te veranderen vanuit wanhoop door druk. In plaats van te begrijpen dat het Gods probleem is om op te lossen, en niet van hen, doen ze wat "goed lijkt in hun eigen ogen" en wijken ze af van de smalle weg. Je hoeft niet ver in het Nieuwe Testament te lezen om te zien dat Jezus altijd de smalle weg bewandelde en tegen de stroom van de publieke opinie inging. Hij was er niet om mensen te plezieren; Hij was er om ze te veranderen. Tot op de dag van vandaag is Hij bezig met het veranderen van mensen.

HOOFDSTUK 4

WAT IS EEN HERDER

Als je in het woordenboek het woord *herder* opzoekt vind je de volgende betekenissen: (1) een persoon die schapen hoedt; (2) een voorganger; (3) als herder zorgen; en (4) te leiden of te bewaken op de manier van een herder.

Een herder is elke echte geestelijke leider (niet alleen een voorganger, maar een leraar, evangelist, profeet of apostel) aan wie de verantwoordelijkheid is toevertrouwd om Gods volk te voeden, te beschermen en te koesteren. Sommige kerken noemen ze 'bisschoppen', maar hoe we ze ook noemen, ze zijn de opzieners van Gods kudde. En hoewel we misschien ertoe zijn gebracht anders te geloven, is er geen titel die inhoudt dat de ene persoon meer gezalfd is dan de andere.

Het voeden, beschermen en verzorgen van de kudde is allemaal even belangrijk. Een voorganger kan geen effectief geestelijke leider zijn als hij altijd voedt, maar de kudde niet beschermt. Hij is ook niet effectief als hij altijd beschermt, maar zijn schapen niet voedt. De kudde zal lijden als hij altijd voedt, raad geeft en aanmoedigt, maar niet wijselijk instrueert en toerust.

"Aan hen heeft God willen bekendmaken wat de rijkdom is van de heerlijkheid van dit geheimenis onder de heidenen: Christus onder u, de hoop op de heerlijkheid. Hem verkondigen wij, terwijl we ieder mens terechtwijzen, en ieder mens onderwijzen in alle wijsheid, opdat wij ieder mens volmaakt zouden stellen in Christus Jezus. Daarvoor span ik me ook in en strijd ik, overeenkomstig Zijn werking, die met kracht in mij werkzaam is" (Coll. 1:27-19).

Jesaja beschrijft Christus als het volmaakte model van een goede herder: "Als een herder zal Hij Zijn kudde weiden: Hij zal de lammetjes in Zijn armen bijeenbrengen en in Zijn schoot dragen; de zogenden zal Hij zachtjes leiden" (Jes. 40:11).

God houdt van de schapen en zal er alles aan doen om voor hun welzijn te zorgen. De Bijbel zegt dat de goede Herder zijn leven heeft gegeven voor de schapen, omdat Hij van ze houdt. Hij beschermt ze zelfs tot de dood (Joh. 10:11). En dat is wat herders doen. In het zeventiende hoofdstuk van 1 Samuël vinden we het verhaal van koning David, die als kind de schapen van zijn vader hoedde en zijn leven op het spel zette door ze te beschermen: "Uw dienaar weidde de schapen van zijn vader, en kwam er een leeuw of een beer die een schaap van de kudde wegnam, dan ging ik hem achterna, sloeg hem neer en redde het uit zijn bek. En als hij mij dan aanviel, greep ik hem bij zijn baard, sloeg hem neer en doodde hem" (34,35).

Helaas zijn leiders ook vatbaar voor zonde, net als wij allemaal. Maar ze hebben een opdracht van God, en als ze de positie van voorganger of leraar innemen, moeten ze beseffen dat ze aan een hogere gedragsnorm worden gehouden en een strenger oordeel krijgen als ze hun positie misbruiken (Jak. 3:1).

In 1 Timotheüs hoofdstuk 3 somt Paulus de karaktereigenschappen op van iemand die door God geroepen is om herder te zijn. Een van de vereisten is dat hij geen nieuweling of geestelijk onvolwassen mag zijn. Geestelijke volwassenheid verwijst niet uitsluitend naar leeftijd of hoe lang men christen is; Geestelijke volwassenheid is eerder wanneer iemand wandelt in de gelijkenis van Christus, zelfbeheersing vertoont en het vermogen heeft om waarheid van dwaling en goed van kwaad te onderscheiden (Hebr. 5:14).

Om volwassen te worden in de christelijke wandel, hebben gelovigen een evenwicht nodig tussen predikingen, onderwijs en waarschuwingen. Als een van deze elementen ontbreekt, is het resultaat een onbalans, waardoor er vaak een opening komt bij de kudde voor twijfelachtig onderwijs en verwarring. Dit is de reden waarom Paulus in zijn brieven voortdurend de nadruk legde op de gezonde leer, omdat alleen de gezonde leer een gezond leven voortbrengt.

Waaraan kun je een Echte Herder Herkennen

- Ware herders wijzen mensen altijd op Christus en nooit op zichzelf.
- Ware herders vrezen de Heer, in de zin dat ze diepe eerbied voor Hem hebben. Ze weten dat elke poging om de schapen op een dwaalspoor te brengen, oordeel tot gevolg heeft. Omdat ze hun verantwoordelijkheid serieus nemen, zorgen ze ervoor dat zijn volk goed wordt geïnstrueerd.

- Ware herders begrijpen dat de mensen die onder hun onderwijs zitten, niet van hen maar van God zijn.
- Ware herders moedigen hun mensen altijd aan om het Woord voor zichzelf te bestuderen in plaats van hun woord zomaar aan te nemen.
- Ware herders stellen zich altijd ten doel het karakter van Christus te bevorderen in plaats van hun eigen gaven of roeping te verhogen.
- Ware herders dwingen nooit iemand om in de kerk te dienen, maar ze staan God toe om gelovigen op Zijn eigen tijd in dienst te roepen.
- Echte herders zijn er niet op gericht gediend worden, omdat ze begrijpen dat het hun roeping is om te dienen.
- Echte herders zijn niet egocentrisch. Ze erkennen dat hun roeping niet over hen gaat, of over hun mening en voorkeuren, maar over het dienen van de Heer en het verhogen van Hem in alles wat ze doen en zeggen.
- Echte herders doen niet aan partijdigheid of vriendjespolitiek.
- Ware herders voeden de kudde met een vast dieet van gezonde leer. Het zijn verantwoordelijke leraren die de schapen naar goede weiden leiden en over hen waken terwijl ze in hun eigen tempo aan het eten zijn.

De Hele Raad van God

Een vriendin van mij deelde haar verhaal met mij:

"Nadat we hadden geleden onder de hand van een

kerkdictator, verhuisde mijn familie naar wat ik een 'ziekenhuiskerk' noem; een kerk waarvan de voorganger zachtaardig was en Gods Woord gebruikte om de mensen aan te moedigen in plaats van af te breken. Zijn zachte bediening was als een balsem, een zalf op mijn open wonden die me na verloop van tijd terugbracht naar een plek waar ik opnieuw Gods liefde voor me kon voelen. Door de tedere zorg van die wijze herder ben ik genezen en heb ik mijn spirituele en emotionele evenwicht weer hersteld."

De maatstaf voor een goede herder is dus zijn bereidheid om de hele raad van God te onderwijzen en volgelingen in elke situatie op Christus te wijzen. Het belang van de invloed van een herder kan niet genoeg worden benadrukt, want in deze laatste dagen zal iemands bestemming vrijwel bepaald worden door wie hij of zij volgt. Als iemand een blinde volgt, vallen ze allebei in een kuil (Matt. 15:14). Maar als iemand een goede herder volgt die zonder verontschuldiging of excuus de waarheid van Gods Woord onderwijst, zal die persoon de waarheid kennen, het Woord kennen en toegerust zijn om waarheid van dwaling te onderscheiden.

Er is geen betere tijd dan nu om de balans op te maken van onze kerken en onze herders en te vergelijken wat er wordt gedaan en gezegd met betrekking tot Gods Woord. Omdat God van ons houdt, wil Hij dat we geleid worden door getrouwe herders. We moeten de Heer van de oogst vragen om dit soort voorgangers en werkers uit te zenden (Matt. 9:35-38).

HOOFDSTUK 5

DE ONTROUWE HERDER

Laat ons, voor wij naar het onderwerp ontrouwe herders kijken, eerst eens kijken naar wat God zegt over geestelijk leiderschap in het algemeen. Allereerst valt te zeggen dat God geestelijk leiderschap erg belangrijk vindt. Geestelijke leiders zijn verantwoordelijk om mensen in de richting van God te leiden en om het karakter en de leer van Christus te bevorderen. Daarom probeert de Vijand christenen en hun leiders onderuit te halen door hen weg te trekken van de hele raad van God. Soms doet hij dit door via leiderschap de kerk binnen te sluipen (Judas 4). Hij weet dat als de leider een andere weg gaat, de mensen dat ook zullen doen. Het lichaam volgt altijd waar het hoofd naartoe leidt, dus waar de leider ook gaat, zal de gemeente volgen. Daarom waarschuwde Paulus de gelovigen voortdurend om op te passen voor slechte mannen die de kerk zouden infiltreren - niet alleen in de gemeente, maar ook onder de leiders. Paulus zei ons hiervoor op onze hoede te zijn: "Want dit weet ik: dat na mijn vertrek wrede wolven bij u zullen binnenkomen, die de kudde niet sparen; en dat uit uw eigen midden mannen zullen opstaan die de waarheid verdraaien om de discipelen weg te trekken achter zich aan" (Hand. 20:29-30).

Spreuken 29:12 zegt: "Als een heerser acht slaat op een leugenachtig woord, worden al zijn dienaren goddeloos." Met andere woorden, als een leider wordt beïnvloed door een verleidende geest, zal iedereen die die leider volgt ook worden misleid. Het maakt niet uit hoe oprecht we zijn of hoeveel we van God houden, als we onder de leer van iemand zitten die door de Vijand is misleid, zullen we ook worden misleid. En hoewel we misschien niet worden meegezogen door alles wat hij doet of zegt, zullen we zeker de impact voelen.

Achter elke kerkleider zit een bepaalde geest. Die geest kan uit God zijn of niet uit God. 1 Johannes 4:6 stelt: "Wij zijn uit God. Wie God kent, luistert naar ons; wie niet uit God is, luistert niet naar ons. Hieraan herkennen wij de geest van de waarheid en de geest van de dwaling." Wanneer een kerkleider spreekt, wordt hij ofwel geleid door God (de Geest van de waarheid) of door een verleidende geest (de geest van de dwaling). Het is aan ons om te onderscheiden welke geest dat is, zoals Jezus ons hiervoor heeft toegerust. In Johannes 10:4-5 zegt Jezus: "En de schapen volgen hem, omdat zij zijn stem kennen. Maar een vreemde zullen zij beslist niet volgen."

Elke keer als we iemand volgen die God niet echt aangesteld heeft, moeten we bij onszelf nagaan of we echt bij Christus horen. Als echte schapen een vreemde niet volgen, wat zegt dat dan over ons als we bewust onder leiding van valse leraren zitten? Het woord *vreemde* verwijst naar iemand die onwettig of illegaal is. Misschien is deze persoon van nature begaafd en innemend, maar ze worden niet door God goedgekeurd omdat ze een ander evangelie prediken."

Jezus gebruikt de term *goede herder* als een verwijzing naar Zijn leiderschap. Vreemdelingen zijn degenen die onwettig leiderschap vertegenwoordigen. Hij zegt dat ware schapen hem zullen volgen, terwijl ontrouwe schapen zelfbenoemde herders zullen volgen. Daarom zegt wie wij volgen iets over wie wij toebehoren.

Sommigen van ons zijn zich niet altijd bewust van verkeerd onderwijs, misschien omdat het tijd kost om te onderscheiden wanneer onderwijs niet op de juiste manier gegeven wordt. Maar God zal in Zijn barmhartigheid het licht beginnen te laten schijnen op dingen die in duisternis worden gedaan, zoals Jezus zegt in Lucas 8:17.

Een voorbeeld van een onbetrouwbare herder werd gegeven door een vriend:

> "Nadat we enkele weken een kerk bezocht hadden en de statuten en het huishoudelijk reglement van de kerk hadden bekeken, hebben wij ons bij hen aangesloten. En gedurende die tijd was de prediking gezond. Echter, binnen een paar weken predikte de voorganger vanaf de kansel dat er geen erfzonde was. Zoals u zich kunt voorstellen, waren we stomverbaasd omdat de Bijbel de erfzonde leert, en het is zo'n fundamentele evangeliewaarheid. Bij verder onderzoek kwamen we erachter dat de voorganger en zijn vrouw onlangs een pasgeboren baby hadden verloren, wat zijn leer dramatisch had veranderd. We hadden op dat moment geen andere keuze dan ons lidmaatschap op te geven en de kerk te verlaten."

HET ONDERSCHEIDEN VAN VALSE LERING

Omdat God ernaar verlangt dat wij Zijn waarheid

kennen, zal Hij onze ogen openen om verdraaide leringen te onderscheiden en ons wegleiden van dit soort leiderschap dat onder de invloed van een verleidende geest is gekomen. In feite zal Hij ons op tijd waarschuwen om onszelf te bevrijden, en dan zal Hij ons herstellen met de waarheid en ons weer terugbrengen naar Zijn oorspronkelijke plan.

De gelovige die echt van God houdt, zal een getuigenis in zijn of haar geest voelen bij het horen van valse leerstellingen, en dit getuigenis zal ervoor zorgen dat hij God vraagt om te helpen onderscheiden wat er werkelijk gebeurt. Tijdens dit proces is het mogelijk dat een christen die onder twijfelachtige leerstellingen zit, in zichzelf zegt: "Ben ik nou gek of heb ik echt gehoord wat ik dacht te horen?" En als de gelovige het goed gehoord heeft, moet de persoon zich afvragen waarom niet iedereen zo van streek is als hij of zij. Het kan aanvoelen als een *Twilight Zone*-ervaring. Echter, wanneer de waarheid geopenbaard is, moet die Christus-volger zich terugtrekken en weigeren onder valse leer te blijven zitten.

Sommigen hebben het gevoel dat ze ontrouw zijn als ze de leringen van een voorganger of leraar betwisten of zelfs voorzichtig in twijfel trekken. Anderen zijn, in niet mis te verstane bewoordingen, gewaarschuwd, alsof de leiders aan niemand verantwoording verschuldigd zijn.

Als we de relatie tussen herder en schaap met een huwelijk vergelijken, zien we dat beide door God ingesteld zijn. Maar nergens eist de Schrift dat een vrouw het moet accepteren als ze misbruikt wordt. Als slachtoffer kan ze gehersenspoeld zijn en geloven dat het zo hoort, of dat ze het niet waard is een beter iemand te krijgen, maar dat is niet waar. Misbruik is altijd verkeerd. Het is nooit oké, ongeacht wie het doet. En zo heeft God ook kwalificaties opgesteld voor een herder. Hij zal zijn volk weghalen uit de zorg van een leraar die zijn schapen tot slachtoffer maakt of op een dwaalspoor brengt.

Als iemand de stap niet kan zetten om een ongeschikte leraar te verlaten of zich voortdurend tot hem aangetrokken voelt, is er een intrinsieke achterstand in zijn of haar geestelijke ontwikkeling; enkele belangrijke bouwstenen ontbreken. Het is ofwel dat, of die persoon is nooit echt verlost. Dit geldt voor de vele mensen die week na week onjuist onderwijs en zelfs geestelijk misbruik ondergaan, zonder te beseffen dat zulk leiderschap niet van God komt.

Op dit punt aangekomen, lijkt het mij belangrijk om uit te leggen wat *geestelijk misbruik* eigenlijk is. De uitdrukking is de laatste tijd een modewoord onder gelovigen; daarom denk ik dat een juiste definitie nodig is om onrechtvaardige kritiek af te weren. Geestelijk misbruik is misbruik van iemands machtspositie, invloed en toezicht om de egocentrische verlangens of belangen van iemand anders dan de persoon die op de hulp vertrouwt, te bevorderen. Dit gebeurt als iemand niet functioneert als een leider die dient, maar in plaats daarvan zijn gezag gebruikt om over anderen te heersen en om zijn eigen persoonlijke visie of behoeften te koesteren en te verdedigen (3 Joh. 9-11). Geestelijk leiderschap werd in het hart van God ontwikkeld voor ons welzijn. Hij heeft geen leiders aangesteld om voordeel te halen uit zijn volk, en Hij keurt zulke tactieken nooit goed.

Het derde hoofdstuk van het boek Micha spreekt een oordeel uit over valse herders:

"Toen zei ik: Luister toch, hoofden van Jakob en leiders van het huis van Israël, behoort u niet het recht te kennen? Zij haten het goede en hebben het kwade lief, zij stropen hun huid van hen af en hun vlees van hun beenderen. Ja, zij zijn het die het vlees van Mijn volk eten, hun huid van hen afstropen, hun beenderen breken, ze uiteenleggen als in een pot, als vlees midden in een ketel. Dan zullen zij tot de HEERE roepen, maar Hij zal hun niet antwoorden. In die tijd zal Hij Zijn aangezicht voor hen verbergen, omdat zij kwaad gedaan hebben. Zo zegt de HEERE tegen de profeten die Mijn volk misleiden, die, als zij met hun tanden kunnen bijten, vrede verkondigen. Wie hun echter niets in hun mond geeft, aan hem verklaren zij de oorlog. Daarom zal het nacht voor u worden, zonder visioen, het zal duister worden voor u, zonder waarzeggerij. De zon zal over deze profeten ondergaan en de dag zal donker over hen worden. De zieners zullen beschaamd worden en de waarzeggers rood van schaamte, zij zullen allen hun baard en snor bedekken, want er komt geen antwoord van God. Ik daarentegen ben vol van de kracht van de Geest van de HEERE, van recht en heldenmoed, om Jakob zijn overtreding te verkondigen en Israël zijn zonde. Hoor nu dit, hoofden van het huis van Jakob en leiders van het huis van Israël, die een afschuw hebben van recht en al wat recht is, verdraaien, die Sion bouwen met bloed en Jeruzalem met onrecht. Hun hoofden spreken er recht voor geschenken, hun priesters onderwijzen voor loon, hun profeten plegen waarzeggerij voor geld. En nog steunen zij op de HEERE en zeggen: Is de HEERE niet in ons midden? Ons zal geen kwaad overkomen. Daarom zal omwille van u Sion als een akker omgeploegd worden, Jeruzalem een puinhoop worden en de berg van dit huis tot hoogten in het woud" (3:1-12).

Klinkt het haten van het goede en het liefhebben van het kwade, het met valse leerstellingen op een dwaalspoor brengen van mensen of het verachten van gerechtigheid en het verdraaien van alles wat juist is, als jouw favoriete prediker? Klinkt het je bekend in de oren als er geweldige woorden van welzijn uitgesproken worden over degenen die het meeste geld geven, maar dat degenen die niet geven, veroordeeld en bedreigd worden? Klinkt deze omschrijving als een voorganger of leraar in een kerk die je vaak bezoekt? Heeft jouw kerk een 'preach-for-pay' - mentaliteit? Met andere woorden, moet er bij alles wat de leider doet, een offer tegenover staan? Als dat zo is, wordt het tijd om jouw lidmaatschap op te zeggen, want het is duidelijk dat er weinig is dat opweegt tegen het oordeel van God over verraderlijke leraren.

HOOFDSTUK 6

WAT IS EEN HUURLING

EEN HUURLING IS IEMAND DIE IS INGEHUURD OM EEN BAAN TE DOEN OF EEN DIENST TE VERRICHTEN, meestal vanuit winstbejag. Het wordt een probleem wanneer iemand in dienst genomen is om het werk van een voorganger te doen, wat het mededogen en het hart van een dienaar vereist. De harde realiteit is dat het onmogelijk is om iemand om mensen te laten geven, hoeveel ze ook betaald krijgen. Als de huurling vindt dat de beloning voor zijn dienst te laag is, zal die huurling beginnen met bedriegen, stelen, manipuleren en zelfs met geweld optreden, omdat de zorgfactor, ook wel bekend als *agapè-liefde - een toegewijde liefde die resulteert in de daad van de wil en niet de emoties* - tragisch genoeg ontbreekt.

HOE HERKEN JE EEN HUURLING
- Huurlingen doen alles voor geld.
- Huurlingen prediken en onderwijzen uitsluitend over geven.
- Huurlingen verdraaien Gods Woord om er hun

WAT IS EEN HUURLING 41

voordeel mee te doen. De enige reden waarom ze willen dat anderen gezegend worden, is omdat ze daardoor zelf ook weer gezegend kunnen worden.

- Huurlingen moedigen mensen altijd aan om 'een zaadje te planten'. Hoewel ze misschien zeggen dat je geen wonderen kunt kopen, leren ze je dat je zaad een aanspreekpunt is voor een wonder. Televisie- en radiohuurlingen vragen ons om gratis nummers te bellen. Wat ze daar natuurlijk niet bij vermelden is, dat onze naam dan wordt toegevoegd aan een mailinglijst, die ze vervolgens weer aan anderen verkopen. Al snel vallen ze je constant lastig met mailings, waarin ze om geld bedelen, waardoor we het gevoel krijgen dat ze wanhopig zijn. Uiteindelijk zullen ze ons vragen om onze beste 'zaad'-gift te sturen om het in 'goede grond' te planten, en, vergis je niet, daarmee doelen ze meer op hun bediening dan dat van iemand anders.

- Huurlingen verkopen snuisterijen als 'contactpunten'. Ze verkopen allerlei kleinigheden - wijwater, heilige olie, bloed van 'Jezus'-olie, zakdoeken en nog veel meer. Er lijkt geen grens te zijn aan hun verbeeldingskracht met betrekking tot het misleiden van volgers. Om geloofwaardig over te komen, zouden ze zelfs kunnen beweren dat het legitiem is om in zakdoeken te geloven, omdat de kledingstukken die van het lichaam van Paulus kwamen, mensen genazen (Hand. 19:11,12). Nu we bij dit punt aangekomen zijn, is het belangrijk om te begrijpen wat vers 11 zegt in deze passage. Er staat: "En God deed buitengewone krachten door de handen van Paulus." Het woord *buitengewoon* wordt ook als speciaal vertaald. Als je op de juiste manier een exegese (verklaring van een Bijbeltekst) toepast, ontdek je dat het woord buitengewoon betekent dat deze specifieke methode voor wonderen niet gebruikelijk was; God deed dit uitsluitend door de handen

van Paulus. Daarom kun je niet prediken of geloven dat deze wonderen opnieuw of vaker worden gedaan. Als iets buitengewoon is, kan het niet als standaard of praktisch worden onderwezen. In werkelijkheid zijn deze dingen allemaal leugens en trucs.
• Huurlingen besteden veel tijd aan het houden van collectes.
• Huurlingen beweren dat ze 'gezalfd' zijn en dat God hen voor voorspoed heeft uitgekozen.

De Waarheid over Snuisterijen

Bij snuisterijen gaat het puur om hersenspelletjes, waarvan God duidelijk zegt dat het perversiteiten zijn. Mensen kopen en dragen snuisterijen alsof het geluksbrengers of konijnenpoten zijn. Sommigen geloven dat ze in het bezit zijn van een soort magisch gereedschap. Maar God is geen automaat waar zomaar wat uitrolt als Hij een speciale formule hoort. Als iemand zijn of haar vertrouwen stelt in iets anders dan God is dat afgoderij, en iets kopen in de hoop dat daardoor iets anders gebeurt, is gewoon hekserij. De Bijbel noemt dit waarzeggerij. Deze snuisterijen zijn afleidingen die ons ervan weerhouden ons geloof in de ware bron van kracht te stellen: Jezus Christus.

Snuisterijen verkopen is niet nieuw. In 1517 verwierp een katholieke priester genaamd Maarten Luther het idee om aflaten te verkopen om geld in te zamelen voor de herbouw van de Sint-Pietersbasiliek in Rome. Mensen kregen te horen dat ze hun zonden konden afkopen door snuisterijen van de kerk te kopen, en Luther werd hier woedend over. Hij begreep dat dit plan ervoor zorgde dat de mensen aannamen dat hun zonden waren vergeven als ze het konden afkopen. Dus schreef hij een brief van vijfennegentig stellingen waarin hij de autoriteit van de kerk op dit gebied betwistte, en hij spijkerde de brief aan de deur van de kerk. Omdat hij niet op deze kwestie terugkwam, werd hij uit de katholieke kerk gezet.

De (katholieke) kerk had Schriftuurlijk gezien geen been om op te staan, maar toch voerden ze aan dat zij het regerende lichaam waren en vrijwel alles konden doen wat ze wilden. En de reden dat de kerk het zo'n probleem vond, kwam omdat het verkopen van aflaten een belangrijke bron van inkomsten was, vooral in magere tijden. Denk er eens over na: de meeste problemen van de kerk, zelfs in onze tijd, gaan over geld.

Bij huurlingen staat geld altijd centraal en ze zullen altijd weer tevoorschijn komen om het nieuwe bouwfonds, de dankdag van de voorganger (ook al duurt het een week, soms de hele maand) of een nieuwe 'visie' van God te promoten. Zelfs tijdens economische achteruitgangen en recessies zijn ze behoorlijk goed in het verdraaien van de Schrift om ervoor te zorgen dat mensen zich schuldig voelen en geld zullen willen geven. Twee Petrus zegt: "Hun ogen zijn vol overspel en zondigen onophoudelijk; zij verlokken onstandvastige mensen en hebben hun hart geoefend in hebzucht; kinderen van de vervloeking zijn het (2:14). Huurlingen kunnen zeggen dat het geven van geld zeker 'ons geloof activeert'. Zulke woorden zijn een enorme waarschuwing. Als iemand geld geeft is dat nog geen garantie dat hij of zij ook echt geloof heeft. De Farizeeën waren grote geldgevers (Matt. 6:2-4), maar Jezus verklaarde dat ze adderengebroed waren en tot de hel waren veroordeeld (Matt. 23:33).

Toen Simon de tovenaar dacht dat hij de gave van God met geld kon kopen, was hij bereid een gift te doen om de bekwaamheden van de apostelen te bezitten. Maar Petrus zei dat hij helemaal geen waar geloof had en dat zijn hart niet recht was voor God (Hand. 8:18-23). *Ik ben ervan overtuigd dat als Simon vandaag had geleefd, veel leiders zijn 'zaadgeloof'-geld zouden hebben aangenomen, hem zouden hebben gezalfd en hem een positie als ouderling zouden hebben gegeven.* Nergens in de hele Schrift wordt geïmpliceerd dat iemand iets moet betalen om vergeven te worden, of betalen voor genezing, of betalen voor een persoonlijk profetisch Woord van de Heer. Het doet me pijn om te horen dat sommige zogenaamde profeten leren dat geld de profetische gaven activeert. Vermoedelijk komt deze leer voort uit de opvatting dat men niet met lege handen (zonder een geschenk) voor een profeet kan staan. *Pas op: de gaven van de Geest en geld gaan niet samen! Als u in een kerkdienst bent en begint te zien dat geestelijke gaven worden ingezet met als doel geld in te zamelen, wegwezen!* Hoe goed deze gaven ook overkomen, ze duiden niet op een beweging van de Geest van de Heer.

Hier is nog een voorbeeld van hoe een vers uit de Schrift ver uit zijn verband getrokken kan worden. Elke huurling werkt door de Schrift op een slimme manier te verdraaien. Ze beheersen de kunst om de tekst zo uit zijn verband te trekken dat het hun eigen voorwendsel bekrachtigt. Het is het verdraaien van de juiste betekenis van de Schrift om het vervolgens een andere betekenis te geven die het standpunt of de agenda van de huurling ondersteunt (2 Kor. 4:2). Weet dit: Jezus van Nazareth was en is de grootste profeet die ooit heeft geleefd. En nergens in het Woord van God zien we Jezus een gift eisen voor een profetisch woord of genezing. Vergis je niet, dit soort leer is verdorven en wijkt ver af van wat God bedoeld heeft.

Alles wat een huurling doet, is omwille van het geld. Hij is een huurling - iemand die alleen werkt om betaald te krijgen. Een huurling zal niet in een kerk spreken als er geen geld mee gemoeid is. Hij zal niet spreken in uw kerk of evenement, tenzij hij zijn eigen collecte kan 'ophalen', nadat hij heeft gesproken. Veel huurlingen zullen niet

WAT IS EEN HUURLING

spreken, tenzij ze gegarandeerd een bepaalde omvang van een collecte krijgen. Uiteindelijk wordt hij gedreven door geld en is hij niet van God.

Er is niets nieuws onder de zon. Ook Paulus had met dezelfde dingen te maken in de kerk van Korinthe. In de Griekse cultuur van Paulus' tijd gold, hoe populairder je was als spreker, hoe meer geld je kon eisen. Veel geld vragen en krijgen om te spreken betekende dat je een geweldige spreker was. Maar aangezien Paulus geen geld vroeg, dachten de mensen dat zijn prediking het niet waard was om gehoord te worden (2 Kor. 11:5-9). Dit maakte het mogelijk voor verkeerde leraren om de mening van de mensen over Paulus te veranderen. Uiteindelijk werd de apostel gedwongen om zijn standpunt te verdedigen door te zeggen dat het geld vragen voor het brengen van het evangelie misbruik van autoriteit was (1 Kor. 9:18).

Van schaamteloze huurlingen is bekend dat ze meerdere opdrachten voor dezelfde tijd plannen en dan die waar ze het minst voor betaald krijgen op het laatste moment afzeggen. Ze kunnen ook nog om grote honoraria vragen bovenop een 'liefdesoffer'. En omdat talloze mensen samenkomen om hen te horen spreken, hebben ze de neiging om steeds meer geld te eisen. Het vreselijke is dat de kerken hierin meegaan en dan ook meer betalen. Dergelijke corruptie is zo uit de hand gelopen dat sommige kerken zelfs bankleningen aangaan om bekende sprekers te betalen in de hoop dat ze genoeg geld zullen inzamelen wanneer hij komt, om de lening weer af te betalen. Ik ken een zeer populaire leider die gevraagd werd om in een bepaalde kerk te spreken. Nadat hij gesproken had, eiste hij zo'n grote offergave dat de kerk geen geld meer had om hun energie voor die maand te betalen. Ik zeg nogmaals, de ware arbeider is zijn loon waard, maar als geld zijn hele motivatie is om God te dienen, maakt hij een grote fout en moeten we ons van hem terugtrekken (1 Tim. 6:5).

Ware geestelijke leiders zijn zo nederig en gevoelig voor de stem van God dat Hij ze overal kan gebruiken, ook in kerken met een kleine gemeenschap en beperkte financiële middelen. Het is nodig dat wij allemaal onze kerkleiders en favoriete sprekers opnieuw beoordelen in het licht van deze feiten over huurlingen.

Het Karakter van een Huurling

Een huurling is zo roofzuchtig en destructief als een wolf. In wezen zijn het wolven die, als ze eenmaal aan de macht zijn, niet zullen aarzelen om op de kudde te jagen. De huurling gebruikt zijn geestelijke autoriteit voor financieel gewin. Veel kerken hebben een welverdiende reputatie dat bij hun alles om geld draait, en dit heeft helaas sommigen afgestoten die op zoek waren naar de waarheid. De Vijand heeft zulke leiders doen opstaan om de zoektocht naar de ware boodschap van Christus te belemmeren en om oprechte zoekers ervan te weerhouden verlossing te vinden. Hij gebruikt deze leiders ook om degenen die zijn afgehaakt als gevolg van financieel misbruik, van de kerk te vervreemden.

Een huurling is iemand die zijn mensen emotioneel en geestelijk mishandelt, voordat ze zelfs maar beseffen wat hij heeft gedaan. Hij zorgt ervoor dat ze zich schuldig voelen als ze niets geven en soms gaat hij zelfs zo ver dat hij een vloek over hen uitspreekt. Sommigen hebben zelfs het lef om hen persoonlijk aan te spreken over de gemiste betalingen van hun tienden. Ik heb gehoord over verschillende predikanten die hun leden achterstallige 'tiende rekeningen' hebben gefactureerd. Laat mij eens zien waar dit soort gedrag in het Woord van God voorkomt! Ze kunnen zelfs het feit dat ze minder geven als oorzaak aanwijzen voor andere problemen in het leven van de gever, alsof God hen zou straffen. Zulke dingen zijn altijd verkeerd. Als gelovigen moeten we ons beste aan God geven en God eren door alles wat we geven, te geven als offer aan Hem, maar geven is geen wondermiddel. Vraag het Koning Saul (1 Sam. 15:10-23).

Huurlingen doen het voorkomen alsof het geven van tienden nodig is om gered te blijven. Vaak beloven ze dat als mensen geven, ze gezegend zullen worden, ook al blijven de zegeningen zelf uit.

"D․․ C․․․․․ Z․․ ․․ ․․ P․․․"

"De Cheque Zit bij de Post"

Om te laten zien hoe sommige huurlingen werken, heeft een vriend dit gedeeld:

> "Ik ben in veel diensten geweest waar de voorganger (een huurling) het publiek rond zou kijken om te zien hoeveel mensen er waren, om vervolgens een bedrag te bepalen dat de leden moesten geven. Op zondagen waren er de rijen van honderd dollar en elk individu in die rij zou daarvoor een profetisch woord ontvangen. Soms sloten vier mensen zich bij elkaar aan, waarbij ieder vijfentwintig dollar zou geven, om aan een totaal van honderd dollar te komen. In dat geval zouden de vier mensen één profetisch woord ontvangen. Als iemand niets anders te geven had dan een paar dollars, ontving die persoon alleen een algemeen gebed. Ik herinner me één bepaalde zondag toen ik in de rij van honderd dollar stond en ze zeiden dat ik over veertien dagen mijn brievenbus moest controleren, omdat ik een cheque zou ontvangen. Hoewel ik eigenlijk geen cheques verwachtte, deed ik wat mij was opgedragen en

controleerde ik mijn brievenbus op de veertiende dag. Maar de brievenbus was leeg. Na die mailbox-ervaring stopte ik met in de geldrijen te gaan staan en ik heb de voorganger nooit meer geloofd."

Huurlingen lijken op dictators in die zin dat ze de mensen onderdrukken door een zware last van schuld op ze te leggen die God nooit heeft bedoeld. En hoewel de gezonde leer ons leert te geven, leert het ook dat we als een offer, met blijdschap, moeten geven vanuit de overvloed van ons dankbare hart. God wil niet dat we geven vanuit een gevoel van verplichting. Twee Korintiërs 9:7 zegt het zo mooi: "Laat ieder doen zoals hij in zijn hart voorgenomen heeft, *niet met tegenzin of uit dwang*, want God heeft een blijmoedige gever lief" (cursief gemaakt door mij). Wist u zelfs dat dit in de Bijbel stond? Of heeft uw voorganger het gemakshalve nagelaten het te vermelden toen hij voor de derde keer met de collectezak langskwam? Het antwoord op die vraag is de sleutel om te bepalen door wat voor soort herder je geleid wordt.

Terwijl een echte herder erop vertrouwt dat de schapen geleid worden door de Heilige Geest, zal een huurling zich de plaats van de Geest toe-eigenen omdat het vertrouwen in God afwezig is, en dit geldt vooral op het gebied van 'geven'. En als een leider een huurling is, zal hij zijn ware agenda blootleggen door eropities te geven aan mensen die in zonde leven, zolang ze iets te bieden hebben (2 Kron. 13:9). Deze leiders focussen zich ook op en proberen relaties te onderhouden met bedrijfseigenaren en andere ondernemers die geen christen zijn, maar die hen op een of andere manier financieel kunnen helpen.

Het is interessant om te zien dat, voordat we tot Christus kwamen, we gemakkelijk een oplichter konden opmerken. Waarom is het dan dat we na het ontvangen van redding hebben besloten het gezond verstand (ook wel bekend als hersenen) niet meer te gebruiken? Wees je bewust van het feit dat God ons vermogen om te denken en te onderscheiden niet heeft weggenomen (Handelingen 17:10-11).

Huurlingen noemen ons vaak oordelend als we ze confronteren met een punt dat niet met de Schrift overeenstemt. Ze zeggen voortdurend dingen als: "Raak Gods gezalfde niet aan" en "Doe zijn profeten geen kwaad." Deze uitdrukking, die uit zijn verband is gehaald, wordt zo vaak gebruikt door gewetenloze huurlingen dat we ons verlamd voelen als we het horen. Hierdoor zijn we doodsbang om zelfs de kleinste problemen aan de kaak te stellen, zelfs als we weten dat het niet goed is, wat er geprekt of geleerd wordt. En dit is uiteraard wat de huurling wil. De feitelijke betekenis van dit vers in Psalm 105 is te vinden in de eerste 11 verzen. De psalmist verklaarde hoe God zijn verbond met de aartsvaders en hun afstammelingen nakomt, en de volgende vier verzen herinnerden aan Zijn trouwe zorg voor hen terwijl ze door vreemde en vijandige landen reisden. Vers 15 verkondigt dat God niet toestond dat de kwade koningen zijn volk - de hele groep - kwaad deden en Hij stond niet toe dat die koningen Zijn boodschappers fysiek mishandelden of ter dood brachten. Dit vers is zo lang met verkeerde bedoelingen herhaald dat slechte leiders onbeschaamd door kunnen gaan met hun bedrog terwijl ze naïeve en angstige volgelingen tarten om hun werken in twijfel te trekken.

En hoewel het waar is dat we iemand niet mogen verachten, hebben we wel de verantwoordelijkheid om vragen te stellen als we iets niet begrijpen, het kwaad onder ogen te zien en te weigeren valse herders te steunen die onderwijzen om er op een oneerlijke manier winst uit te halen en nietsvermoedende mensen in de val van de duivel leiden. (Titus 1:10-11; 2 Tim. 2:24-26). Als je leider ongenaakbaar is en het je niet toegestaan is vragen te stellen, is dat een goede indicatie dat je de Heer moet zoeken en vragen of Hij je een weg eruit wil laten zien.

Jezus zei dat Hij ons niet zal oordelen, maar het Woord dat we hebben gehoord, zal ons uiteindelijk *wél* oordelen. Hij zei: "En als iemand Mijn woorden hoort en niet gelooft, veroordeel Ik hem niet... Wie Mij verwerpt en Mijn woorden niet aanneemt, heeft iets wat hem veroordeelt, namelijk het woord dat Ik gesproken heb; dat zal hem veroordelen op de laatste dag (Joh. 12:47-48). Het is dit Woord dat om een reactie vraagt. God hoeft niets meer te doen om ons te waarschuwen, omdat Hij ons al het Woord en de kennis heeft gegeven om onze eigen keuzes te maken en om het te accepteren of te verwerpen.

Veel mensen zullen ongetwijfeld geschokt en ontzet zijn op de dag van het oordeel als ze ontdekken dat God hen niet kent en dat hun namen niet zijn opgeschreven in het Boek des Levens van het Lam. Ze zullen zich niet hebben gerealiseerd dat het punt niet is of we denken dat we God kennen, maar of God ons kent. Sommige van deze mensen zullen zelfs beweren dat ze geprofeteerd en demonen uitgeworpen hebben in Gods naam. Ze zullen vragen: "Heere, Heere, hebben wij niet in Uw Naam geprofeteerd, en in Uw Naam demonen uitgedreven, en in Uw Naam veel krachten gedaan? Dan zal Ik hun openlijk zeggen: Ik heb u nooit gekend; ga weg van Mij, u die de wetteloosheid werkt!" (Matt. 7:21-23). Dé allesbeslissende vraag is dus niet: 'Kent u God?,' maar: 'Kent God u?'

HOOFDSTUK 7

GEVANGEN IN TITELS

WE NEMEN ALLEMAAL AAN DAT MENSEN DIE EEN TITEL VOOR HUN NAAM HEBBEN STAAN, wijs zijn. De titels dokter, apostel, eerwaarde en bisschop impliceren allemaal wijsheid, of de titelhouders nu inderdaad wijs zijn en God daadwerkelijk kennen of niet. Sommigen hebben een opleiding genoten bij een legitieme onderwijsinstelling, en sommigen krijgen eredoctoraten op basis van hun goede werken en indrukwekkende levenservaringen. Anderen 'verdienen' hun 'diploma's' via correspondentie en online scholen. Vaak zijn deze scholen niet meer dan een postbus of een kantoorsuite met een indrukwekkende website die mensen doorverwijst naar waar ze geld naartoe kunnen sturen om hun titels te kopen. Veel titels zijn niet toegekend en zijn niet verdiend; sommige mensen geven zichzelf gewoon een titel. Veel van deze scholen hebben de reputatie een diplomamolen voor leiders te zijn. Ze belonen spraakmakende leiders met diploma's om anderen naar hun school te lokken. Het hebben van een diploma van dezelfde school als je favoriete leider heeft op sommige mensen een enorme aantrekkingskracht.

Huurlingen gebruiken diploma's en titels om hun geloofwaardigheid op te bouwen, zodat niet-ingewijden zullen geloven dat ze weten waarover ze spreken. Ik zeg niet dat iedereen die predikt of onderwijst een diploma achter zijn naam moet hebben staan. Maar hij moet goed thuis zijn in de Schrift, een volwassen wandel met de Heer hebben, en niet geneigd zijn iets aan het Woord toe te voegen aan of af te doen. En bovenal moet hij een passie hebben om zielen tot Christus te zien komen.

Als er enige twijfel bestaat over waar jouw leiders zijn opgeleid, neem dan de tijd om de certificaten te onderzoeken die aan hun kantoormuren hangen. Zijn ze echt afgestudeerd aan erkende christelijke seminaries en theologische scholen met een goede reputatie, of hebben ze het zo op een papiertje gekregen? Moesten ze een academisch proefschrift schrijven om te promoveren? Ga online, bekijk de fundamentele leerstellingen van die scholen en kijk of ze trouw blijven aan Gods Woord.

Kregen zij in hun studie het vak hermeneutiek, ofwel het leren de Bijbel te uit te leggen zoals God het bedoeld had? Kregen ze het vak exegese, dat studenten leert hoe ze de Schrift kunnen zien in het licht van zijn context? Op een legitieme school volgen pastorale studenten ook lessen in homiletiek en verklarende Bijbelstudie. Deze cursussen onderwijzen studenten in hoe ze de Schrift effectief kunnen bestuderen en verkondigen om mensen tot verlossing te brengen en oefenen hen in het zelf bestuderen van Gods Woord. Een legitieme onderwijsinstelling zal geen master- of doctoraatsdiploma toekennen, tenzij de student blijk geeft van bekwaamheid op een hoog niveau in dergelijke cursussen. Op dezelfde manier als we niet zouden toestaan dat een ongetraind persoon een wolkenkrabber voor ons bouwt of een operatie aan ons uitvoert, kunnen we niet toestaan dat een slecht toegeruste leider ons over de dingen van God leert.

Echte herders kunnen we onderscheiden aan hun vruchten. Degenen die alleen in titels geïnteresseerd zijn en niet in serieuze academische voorbereiding, zijn dan misschien charismatische sprekers, maar gaan ze verder dan gekwetter en dubbelzinnigheden? Misschien zijn ze welbespraakt, maar de vraag is: wat zeiden ze eigenlijk? Was hun bron diep of oppervlakkig? Werd er iets belangrijks en gedenkwaardigs gezegd, of was er niets wezenlijks dat het onthouden waard was, zoals beschreven in Judas 12?

Het is betreurenswaardig dat huurlingen het lichaam van Christus in de Amerikaanse kerk hebben overweldigd en zich de plaats van ware herders hebben toegeëigend met als doel de kudde te bedriegen. Als gelovigen moeten we leren het onderscheid te maken tussen echte herders, huurlingen en dictators. We mogen dit onderwerp niet licht opvatten, want het kan veel mensen hun ziel kosten.

Christus vond het onderscheid maken tussen ware en valse herders zo belangrijk dat Hij de tijd nam om mensen te waarschuwen om op te passen voor zulke leraren. Hij zei: "Pas op voor de Schriftgeleerden, die gesteld zijn op het rondlopen in lange gewaden, op begroetingen op de markten, op de voorste plaatsen in de synagogen en op de ereplaatsen tijdens de maaltijden. Zij verslinden de huizen van de weduwen en voor de schijn bidden zij lang. Dezen zullen een zwaarder oordeel ontvangen" (Markus 12:38-40).

Huurlingen zijn redelijk voorspelbaar. De meesten zijn erg charismatisch en ze doen altijd of ze je aardig vinden. Ze zoeken kwetsbare mensen, wanhopig op zoek naar liefde en mededogen. Ze zoeken ook naar mensen met status en invloed. Hoe dan ook, hun manier is altijd het gebruik van strelende woorden- ze zijn bedreven in het vertellen wat je wilt horen om iets van je te krijgen. Maar als je onder invloed bent van die strelende woorden zal het meestal slechter gaan dan voorheen. Spreuken 26:28 zegt: "Een valse tong haat hen die hij kwetst, en een gladde mond brengt verderf."

Het interessante is dat deze huurlingen snel verdwijnen als je niets van waarde te bieden hebt. Gewapend met deze informatie kunt u beoordelen of uw voorganger alleen behoefte heeft om met rijke mensen om te gaan, of dat hij daarin geen verschil maakt en zowel van arme als de rijke mensen houdt. Is hij zoals Jezus, zonder aanziens des persoons, zoals geadviseerd in Jakobus 2:1–9?

Wil de huurling als een wolf iemand kunnen verslinden, moet hij eerst de persoon isoleren, hem of haar overladen met aandacht, bevestiging en genegenheid, en dan ervoor zorgen dat die persoon gelooft dat er niemand anders is die zo van hem of haar houdt of die persoon zo begrijpt als hij. Gewoonlijk geeft hij die genegenheid slechts totdat er geen geld meer is. Als je de huurling niets meer te bieden hebt, verandert zijn houding en gaat hij verder naar groenere weiden. En hoewel hij je ooit erg gemogen heeft, zal hij je uiteindelijk vergeten en negeren.

Waarschuwing: wolven eten schapen. Ze kijken naar wat voor bezittingen je hebt en zien het als prijzen die zo voor het oprapen liggen.

Hoe U ervoor Kunt Waken om Geen Prooi te Worden

Een groot deel van de kerk bestaat uit alleenstaande vrouwen of vrouwen van wie de man niets met God te maken wil hebben, en daarom komt het zo vaak voor dat huurlingen een ingang vinden. Wolven jagen vaak op zulke vrouwen en nemen hen die emotioneel en goedgelovig zijn, gevangen. "Want tot hen behoren zij die de huizen binnensluipen en vrouwtjes in hun macht krijgen die met zonden beladen zijn en door allerlei begeerten gedreven worden" (2 Tim. 3:6). Het is een bekend feit dat, zodra deze wolven in iemands leven worden toegelaten, diegene wordt verslonden. De reden waarom dit zo goed werkt, is dat er in deze kerken maar weinig mannen zijn die de moed hebben en in staat zijn om zulke mannen ter verantwoording te roepen.

Sommige huurlingen worden na verloop van tijd steeds intimiderender en brutaler. Ze zijn niet langer subtiel, maar halen verschillende collectes in één enkele dienst op. En omdat de mensen geen geestelijk onderscheidingsvermogen hebben, worden ze hierin meegezogen, omdat ze misleid zijn daar ze geloven dat God hen zal zegenen, omdat ze zich onderwerpen. (*Wie zei dat onderwerping aan God van ons vraagt dat we ons onderwerpen aan een leider die ons tot zonde leidt?*) Hoewel we onze voorgangers moeten respecteren zoals ieder ander, is geen enkele voorganger gelijk aan God en is geen woord van een voorganger onfeilbaar.

Van de mensen die zelden naar de kerk gaan, herkennen de meesten de buitensporige offergaven onmiddellijk als oplichterij. Hoe komt het dat sommige kerkleden geen idee hebben van deze fraude en de partijlijn hebben ingeslikt – met haak, lijn en zinklood? Het zou voor ieder denkend individu duidelijk moeten zijn dat dit soort leiders niet van God zijn. Ze zijn niets anders dan oplichters en dieven.

Jezus waarschuwde dat wolven tevoorschijn zouden komen en niet in wolfs kleren. Ze zullen verkleed zijn als herders die de kudde leegplukken om hun eigen zakken te vullen, waarbij ze vaak Bentley's, Mercedes Benzes en vliegtuigen kopen en met groepen lijfwachten reizen. Veel televangelisten passen duidelijk in de categorie van huurlingen, en hun betreurenswaardige welvaartsboodschap (God wil dat iedereen succesvol en rijk is) is des te aantrekkelijker voor degenen die wanhopig zijn vanwege de slechte economische situatie en het verlies van banen en hun pensioen spaargeld, of simpelweg gewoon hebzucht. Er is een heel sterke indruk van geestelijk onderscheidingsvermogen voor nodig om niet in deze loze beloften meegezogen te worden, vooral wanneer de televangelisten leren dat God een doorbraak zal geven als reactie op het geven van offers. De waarheid is, zegt God, dat Hij niet met zich laat spotten. Wat deze mannen (en sommige vrouwen) ook zaaien, ze zullen in de eeuwigheid oogsten (Gal. 6:7-8). Degenen die op de armen, weduwen en behoeftigen jagen, zullen zichzelf meer oordeel geven dan wie dan ook, omdat ze het bewust hebben gedaan en zonder zich ervoor te verontschuldigen (Spr. 22:22-23). Uiteindelijk zal God degenen plunderen die Zijn kinderen plunderen, want ze hebben geen excuus.

HOOFDSTUK 8

BEIJVER U OM U WELBEPROEFD VOOR GOD TE STELLEN

Omdat God ons zijn woord, de Heilige Geest en het vermogen om te onderscheiden heeft gegeven, is er absoluut geen excuus voor onwetendheid. We horen allemaal de Bijbel voor onszelf te bestuderen en in te gaan in de geheime plaats, waar we begrijpen wat God met dat Woord bedoelt. Als we onszelf toerusten, zullen we niet misleid worden als valse leraren de waarheid verdraaien om hun eigen plannen uit te voeren.

De trieste waarheid is dat iedereen de Bijbel alles kan laten zeggen wat ze maar willen. Denk bijvoorbeeld terug aan het tragische verhaal van Jim Jones, die begon als een Pinksterprediker. Omdat hij een charismatische persoonlijkheid had, kon hij gemakkelijk de emotie van zijn mensen raken. Na verloop van tijd overtuigde hij zelfs de nietsvermoedende mensen om te verkopen wat ze bezaten om hem te volgen naar een afgelegen, ver land. Hij leerde uit de Bijbel, maar zijn onorthodoxe benadering van Bijbelonderwijs had een tragische wending en kostte uiteindelijk honderden mensen het leven. De meeste sekten ontstaan op deze manier, met personen die een charismatische overtuigingskracht hebben, die de ware betekenis van de Schrift verdraaien en naïeve en nietsvermoedende christenen naar de afgrond brengen. Alleen als Gods volk toegerust is met Schriftuurlijke wijsheid en onderscheidingsvermogen, kunnen ze zichzelf verdedigen tegen dit soort overweldigende kwakzalverij (Fil. 1:9-11).

Voor de gemiddelde kerkganger voelt het vreemd om zich zorgen te maken over wat de kerk met zijn of haar geld doet. Men is er zo lang ten onrechte vanuit gegaan dat we gewoon naar de kerk kunnen gaan, onze tijd en geld geven en met een beter gevoel naar huis kunnen gaan dan toen we aankwamen. Maar dit is niet wat God bedoelde. God wil dat we er zeker van zijn dat onze leiders fiscaal verantwoordelijke, toerekenbare en betrouwbare individuen zijn met integriteit die hun best doen om het goede te doen (2 Kor. 8:16-24).

In tegenstelling tot wat vaak wordt gedacht, is het niet moeilijk om een grote, 'succesvolle' kerk te laten groeien - zolang alles daar maar kan. Het zal explosief groeien als de predikant aantrekkelijk is, goed kan spreken, mensen behaagt, en als hij predikt over onderwerpen die populair zijn en niet erg veeleisend vanuit geestelijk oogpunt. Te veel mensen in de kerk zijn fans van mensen, maar niet echt discipelen van Christus. In Amerika hebben we een cultuur dat door beroemdheden gedreven wordt, en die mentaliteit heeft zijn weg gevonden naar de kerk. Het is ontmoedigend om te zeggen, maar we raken meer verdeeld over bepaalde personen dan over vernietigende leerstellingen. We tonen meer trouw aan mensen dan aan Christus. Het is schokkend! Zulke leiders zijn het soort predikers dat in Judas 4 wordt genoemd, die de kerk binnenglippen om zoveel mogelijk schade aan te richten: "goddelozen, die de genade van onze God veranderen in losbandigheid, en die de enige Heerser, God en onze Heere Jezus Christus, verloochenen." Dan, als kers op de taart, zal de misleidende herder de mensen comfortabel laten voelen in hun zonden door te zeggen: "Gods genade zal je bedekken." Dit is een ramp van ongekende omvang, want het volgende is triest maar waar: mannen en vrouwen zullen in hun zonden sterven, zonder te beseffen dat ze niet voorbereid zijn om God te ontmoeten.

Mensen Behagende Leiders

Denk hier eens over na: Jezus, die één is met God, onze Schepper, voedde eens meer dan vijfduizend zielen met slechts twee vissen en vijf broden. Maar nadat Jezus stierf, waren er slechts 120 die in de Bovenkamer wachtten op de komst van de Heilige Geest. De Here Jezus, die alle macht had, weigerde zijn boodschap aan te passen aan de massa. Hoe durven wij het anders te doen?

De populairste kerken van vandaag zijn degenen die zichzelf *doelgericht* noemen. Deze kerken zijn *zoeker-vriendelijk* of *zoeker-gevoelig*, wat betekent dat ze de diensten afstemmen op de luisteraars. Ze worden vaak als 'drive-thru kerken' beschreven, omdat de mensen er snel in, maar ook snel weer uit gaan, en alles wordt gedaan volgens een vast schema. De aanbidding duurt bijvoorbeeld vijftien minuten, de volgende vijftien minuten worden gereserveerd voor het verzamelen van tienden en de collecte, dan preekt de voorganger vijfentwintig minuten, en daarna kunnen de mensen in de kerk weer gaan.

Sommige voorgangers en leidinggevenden gaan zelfs zo ver dat ze een onderzoek doen bij hun mensen en in de gemeente met de vraag: "Wat zou je graag in de kerk zien?" Vervolgens passen ze de diensten aan om aan de wensen en verlangens van de mensen te voldoen. Als gevolg hiervan hebben veel van deze kerken de aanstoot van het Kruis afgezwakt en de noodzaak van een Heiland en Heer weggehaald. Ze prediken niet over zonde; het woord *zonde* wordt zelfs niet genoemd, maar ze gebruiken in plaats daarvan woorden als 'afwijking', 'misstappen', 'fouten' en 'problemen'. Altaar oproepen behoren, zoals u zich kunt voorstellen, tot het verleden.

Een grote aantrekkingskracht op dit soort kerken is het aanbod van gratis latte's en verse donuts in de ontvangstruimte, waar nieuwkomers zich welkom kunnen voelen. Deze kerken besteden zelfs speciale aandacht aan het opleiden van gastvrouwen/-mannen om te zorgen dat de gasten zich thuis voelen. Sommige kerken bieden toneelstukken en sketches aan in plaats van het onverbloemde Woord van God te prediken. Teveel doelgerichte kerkleiders passen kerken aan naar de wensen van individuen die God echt niet willen. Sommige mensen willen niet overtuigd worden van hun zonde en denken dat ze geen bekering nodig hebben. Hoeveel bezoekers gaan uiteindelijk weer naar huis, terwijl hun hart nog hetzelfde is als toen ze binnenkwamen?

In een recente peiling beweerde meer dan zeventig procent van de mensen in de Verenigde Staten christen te zijn, maar van deze mensen gelooft meer dan vijftig procent dat er meer dan één weg naar de hemel is. Talkshow-gastvrouw Oprah Winfrey leert dat er meer dan één weg naar de hemel is. Zelfs met deze overtuiging noemt ze een van de meest populaire kerkleiders in onze tijd haar voorganger; dat is verontrustend. Ze zou moeten weten (of te horen krijgen) dat de Schrift wat anders zegt, en in niet mis te verstane bewoordingen. In Johannes 14:6 zei Jezus: "Ik ben de weg, de waarheid en het leven. Niemand komt tot de Vader dan door mij." Wat voor soort predikingsfilosofie heeft de kerk in Amerika in haar greep gekregen als de kerken niet verkondigen dat Jezus niet *een* weg is, maar de enige weg naar de hemel? Het is de zoeker-gevoelige filosofie.

Voor deze kerken is God geen probleem. Omdat Hij onzichtbaar is, kan Zijn karakter gemakkelijk worden vervormd. Het is het concept van zonde en de offerdood van Jezus aan het kruis dat een struikelblok is voor degenen die weigeren zich te bekeren. Moslims, mormonen, homo's, de ACLU, Christian Science, de Unity Church, de metafysische sekten en allerlei anderen hebben geen probleem met een onbekende God. Maar ze ontkennen allemaal dat Jezus in het vlees kwam als de enige echte Redder van de mensheid. Dit gegeven is een probleem omdat het om een reactie vraagt - en de enige juiste reactie is berouw.

Bescherm Uzelf door binnen de Grenzen te Blijven

De ouder wordende apostel Johannes waarschuwt zijn geliefde kinderen in het geloof voor het aanhangen van ketterij in plaats van waarheid:

> "Want er zijn veel misleiders in de wereld gekomen, die niet belijden dat Jezus Christus in het vlees gekomen is. Dat is de misleider en de antichrist. Let op uzelf, opdat wij niet verliezen waarvoor wij gewerkt hebben, maar een vol loon mogen ontvangen. Ieder die overtreedt en niet blijft in de leer van Christus, die heeft God niet; wie in de leer van Christus blijft, die heeft zowel de Vader als de Zoon. Als iemand bij u komt en deze leer niet brengt, ontvang hem niet in huis en begroet hem niet. Want wie hem begroet, die heeft deel aan zijn slechte werken" (2 Joh. 7-11).

Zelfs omgang met mensen die een onvolledig evangelie van Christus onderwijzen, betekent goedkeuring van onze kant, en dat zal, in niet mis te verstane bewoordingen, veroordeeld worden. Laten we kijken naar het woord '*overtreedt*'. Overtreden betekent hier dat je een bepaalde grens overschrijdt of je begeeft naar iets dat verboden terrein is. Johannes waarschuwt ons om op onze hoede te zijn, opdat we de grens niet overschrijden en daardoor niet langer in Jezus blijven. Met andere woorden, we moeten onszelf niet voor de gek houden door te geloven dat we een grenzeloos leven kunnen leiden. Dan zijn we in overtreding, overschrijden wij de grens.

Omdat God van ons houdt en ons door en door kent, heeft Hij bij de schepping grenzen gesteld die ons zouden beschermen en ons zouden helpen bloeien. Nergens in de Bijbel staat dat we maar moeten doen wat we willen. Alleen de duivel en zijn dienaren nodigen ons uit om te doen en te denken wat we willen, zodat we het doel missen en voor altijd van Gods plan verstoten blijven (Matt. 4:4-10).

Het is zo gemakkelijk om voor het gedachtengoed van Satan te vallen, want hij zegt precies wat we willen horen. Het is een trieste ironie dat als we alles krijgen wat we willen, dit ons uiteindelijk onze dood betekent. God meet onze liefde af aan hoeveel we bereid zijn Hem te gehoorzamen en binnen Zijn grenzen te blijven. In wezen waarschuwt God ons, door middel van de apostel Johannes, niemand te achterna te gaan die ons vrijheid aanbiedt buiten de vooraf gestelde grenzen van God. Want deze mannen – zelfs al zijn ze leiders van megakerken - zijn "vijanden van het kruis van Christus" (Fil. 3:18).

De apostel Jakobus waarschuwt: "Want wie hem begroet, die heeft deel aan zijn slechte werken" (2 Joh. 11). Als de Bijbel zegt dat we zulke mannen niet in ons huis mogen ontvangen of uitnodigen, betekent dit dat we hen of hun bedieningen op geen enkele manier financieel mogen steunen. En het betekent dat we ze niet mogen uitnodigen voor onze erediensten of ze een platform mogen geven waarop ze ketterij kunnen onderwijzen. Het financieel steunen van en het reclame maken voor dergelijke mannen is medeplichtig zijn aan de misdaad. Degene die helpt is net zo erg als degene die het uitvoert; en God zegt dat die persoon samenwerkt met het kwade. Willen we dat de Heer ons op de Dag des Oordeels vertelt dat we moeten vertrekken omdat we financiële steun gegeven hebben aan valse leiders en hen gedeeld hebben op sociale media? Omdat deze waarschuwing bekend is, horen we alert te zijn bij onze acties om indirect de handen van boosdoeners te versterken. We moeten weglopen en niets met hen te maken willen hebben, anders delen ook wij in hun oordeel.

HOOFDSTUK 9

EEN GEBREK AAN ONDERSCHEIDINGSVERMOGEN

ER ZIJN ALTIJD MENSEN GEWEEST DIE DE nietsvermoedende mensen misleiden om hun bedrieglijke zaak te steunen, maar er is niets ergers dan dat je Gods kostbare voorziening gebruikt om een verraderlijk leraar te steunen. Veel mensen in de kerk maken zich hieraan juist schuldig. Ze zeggen of denken dat als ze hun geld geven, God hen gezond en rijk zal maken. Ze voelen zich veilig bij het idee dat wat de voorganger ook met het geld doet, dat tussen hem en God is. Maar God neemt heel serieus hoe we onze middelen besteden. Op dezelfde manier dat Hij zegt op geen enkele manier om te gaan met dwaalleraren, houdt Hij ons verantwoordelijk voor wat Hij ons geeft en zegt dat we degenen die Hem vervloeken niet moeten zegenen. Dit geldt ook voor zelfbenoemde leraren. En hoewel ze misschien niet direct naar voren komen en God openlijk vervloeken (omdat dat te duidelijk zou zijn), prediken valse leraren in hun hart een ander evangelie en daardoor vervloeken ze God. Bedenk dat de Schrift zegt dat degenen die niet met Jezus zijn, tegen Hem zijn (Matt. 12:30). De Schrift kan het niet duidelijker zeggen dan dat.

We zullen allemaal samen met de valse profeet geoordeeld worden als we weigeren weg te lopen van duivelse leer (Jer. 14:14-16).

De reden dat wolven in de kerk van vandaag zo openlijk hun gang kunnen gaan, is omdat schapen zonder onderscheidingsvermogen hen financieel ondersteunen. Als ze dat niet deden, zouden verraderlijke leraren al lang geleden hun tenten opgevouwen hebben en vertrokken zijn. En als God deze situatie zo serieus neemt, moeten wij hetzelfde doen, omdat we weten dat we de toorn van de Heer zullen uitnodigen als we de goddelozen helpen (2 Kron. 19: 2).

Op precies dezelfde manier hebben we een hele generatie onvolwassen gelovigen grootgebracht, en we hebben er zelfs een aantal opgeleid om voorgangers te worden die de juiste christelijke taal spreken met de besten van ons. Maar ze doen dat met een bijbedoeling. Ze trekken de Bijbel uit zijn verband om hun persoonlijke agenda en vooringenomen theologieën te bewijzen - allemaal om de kudde te bedriegen en te misleiden. Velen zijn erg charmant en overtuigend van aard, en waarschijnlijk zouden ze nog een boot kunnen verkopen aan iemand die in de woestijn woont. Ookal zeggen ze misschien de juiste woorden, ze verdraaien ze, zodat ze uiteindelijk iets anders betekenen dan wat God bedoelde.

Als een herder weigert te praten over zonde en de noodzaak zich te bekeren en heilig te zijn, predikt hij duidelijk een ander evangelie. Als hij het niet heeft over geestelijke volwassenheid, gerechtigheid en hartstocht voor Christus, predikt hij een ander evangelie. Als hij zijn gemeente niet aanmoedigt om je naaste lief te hebben en zielen te winnen, predikt hij een ander evangelie. Als hij niet spreekt over het verloochenen van jezelf, het kruis op je nemen en het volgen van Christus in gehoorzaamheid, predikt hij een ander evangelie. Als hij geen onderwijs geeft over de heerschappij van Christus, predikt hij een ander evangelie.

Men zegt dat valse kennis gevaarlijker is dan echte onwetendheid. Ik geloof dat dit juist is, omdat echte onwetendheid een gebrek aan begrip is; men weet het gewoon niet. Maar valse kennis *denkt* het te weten, zelfs als de kennis verkeerd is. Zij die de Bijbel uit hun verband citeren om een punt te bewijzen, riskeren een eeuwig oordeel, omdat ze valse kennis hebben, het ware evangelie van Jezus Christus hebben vergiftigd en het aan hun mensen hebben gegeven.

Veel dingen waarvan in onze tijd geloofd wordt dat ze van God zijn, zouden voorheen godslastering of ketterij worden genoemd. Veel dingen waarvan we denken dat ze met de Heilige Geest gezalfd zijn, zouden in het verleden als demonisch of vanuit het vlees worden gezien. Dit komt doordat onze christelijke voorouders geesten konden onderscheiden op manieren die velen van ons eenvoudigweg niet kunnen. Als we geen kennis hebben van de context van een bepaald Schriftgedeelte, kunnen we ten onrechte tot de conclusie komen dat als iets werkt of bovennatuurlijk lijkt, het wel van God moet zijn, helemaal als dat zo door de spreker gezegd wordt. Op deze manier denken maakt de weg vrij om door valse tekenen en wonderen misleid te worden (2 Thess. 2:9). Een van de meest effectieve wapens van de vijand is in feite, dat hij gedeeltelijk de waarheid gebruikt en het dan vermengt met leugens. Hij neemt wat vertrouwd is, vermengt het met wat verkeerd is en vervolgens verkoopt hij ons een verhaal dat goed klinkt, maar niet van God is. Er zijn zelfs tijden dat alleen mensen met een verhoogd onderscheidingsvermogen in hun geest zullen nagaan wat ze gehoord hebben en zich zullen realiseren dat wat ze gezien of gehoord hebben niet van God was. Een bijbels voorbeeld hiervan is Paulus, die inzag dat de slavin die vrijmoedig de toekomst voorspelde, demonisch was (Handelingen 16:16-18). In de kerk van vandaag zouden we, vanwege de nauwkeurigheid van haar gave, haar een profetes hebben genoemd en haar profetische conferenties hebben gesteund.

Comfortabel in Zonde

Een vriend heeft eens een kerk bezocht, waar on-Bijbelse manifestaties zichtbaar waren:

> "Mijn familie ging naar een met de Geest vervulde kerk waar de woensdagavonddienst helemaal op de jongeren gericht was. Omdat onze kinderen nog jonge tieners waren, wilden ze het proberen. Ik vergezelde hen de eerste avond en stond aan de zijlijn om te kijken. Ik schrok van wat ik zag. De vrouw van de voorganger had de leiding en ze hadden lofprijzing en aanbidding. Hoewel er tekenen en wonderen waren, was het niet de Geest van God die in die groep werkzaam was. In eerste instantie kon ik mijn ogen niet geloven. Toen ik de Heer vroeg wat het was, onthulde hij dat het de geest van amusement was, niet de Geest van Christus. Later hoorde ik het gesprek van twee tienermeisjes, en het gesprek ging zoiets als: "Dus wat denk je?" "Niet slecht. Goede plek om jongens en drugs op te pikken. Denk je dat ze weet dat we spreuken uitspreken als we niet hier zijn?" Het viel me op dat deze kinderen zich zelfs in de kerk niet ongemakkelijk voelden in hun zonde. Mijn kinderen keerden niet terug naar de jeugddienst op woensdagavond van die kerk."

De Bijbel zegt dat de vijand in de laatste dagen tekenen, krachten, wonderen en genezingen zal gebruiken die allesbehalve door God gezalfd zijn. Jezus zei: "Want er zullen valse christussen en valse profeten opstaan en zij zullen grote tekenen en wonderen doen, zó dat zij – als het mogelijk zou zijn – ook de uitverkorenen zouden misleiden" (Matt. 24:24). En als dat zo is, zijn ze van de duivel. En degenen zonder onderscheidingsvermogen zullen erin opgaan en misleid worden, in de overtuiging dat het allemaal van God is. In werkelijkheid is de duivel net zo goed in staat het bovennatuurlijke te gebruiken als God. En door het bovennatuurlijke te gebruiken gaan er zoveel mensen in op. Het is zo belangrijk dat we onderscheidingsvermogen krijgen en God en zijn Woord echt kennen. Op dit moment brengt God Zijn kerk terug naar de basis, terug naar de parameters van Zijn geopenbaarde Woord. Hij staat te popelen om ons onderscheidingsvermogen aan te scherpen en ons toe te rusten om ons te beschermen. Mensen citeren vaak verzen die ze uit hun hoofd hebben geleerd, maar ze missen nog steeds geestelijke volwassenheid en zijn niet getraind om het Woord van Waarheid recht te snijden. Velen hebben verlossingsgebeden herhaald, maar ze hebben zich nooit aan de heerschappij van Christus overgegeven. Ze blijven in ongehoorzaamheid en rebellie leven en weigeren zich aan God over te geven, zelfs als de Heilige Geest hen overtuigt. Soms worden deze mensen op leidinggevende posities geplaatst omdat ze natuurlijke gaven hebben, maar ze worden al snel een aansprakelijkheid voor het lichaam als ze geen rechtvaardig leven leiden.

Jakobus, de broer van Jezus, zegt: "U moet niet allemaal leermeesters willen zijn, mijn broeders. U weet immers dat wij dan een strenger oordeel zullen ontvangen." (3:1). Dit betekent dat als leiders de vreselijke verantwoordelijkheid zouden begrijpen die gepaard gaat met prediken en onderwijzen, ze leiderschapstaken niet zo snel zouden aanvaarden. God houdt leiders meer verantwoordelijk, omdat ze op plaatsen van invloed zijn.

Christenen begrijpen vaak de ernst van dit onderwerp niet. Ze kennen de Heer persoonlijk niet goed genoeg om te begrijpen wat van God is en wat niet. Het feit dat iemand Bijbelteksten uit zijn hoofd heeft geleerd, betekent niet dat hij of zij deze ook overeenkomstig Gods bedoeling toepast of onderwijst.

En zo is ook het feit dat als iemand zich als een geestelijk leider gedraagt, dit niet automatisch betekent dat hij ook een oprecht hart voor God heeft. Misschien heeft hij ontdekt dat als hij de juiste woorden spreekt, hij op deze manier de goedkeuring van anderen kan krijgen en zo kan krijgen wat hij maar wil: status, macht of rijkdom. Maar zo'n houding bereidt hem wel voor op eeuwige verdoemenis. Daarom is het zo essentieel dat we wat we zien en horen, vergelijken met Gods Woord. De Heilige Geest en de geest van onderscheidingsvermogen helpen ons hierbij.

Degenen die de kansel gebruiken om hun persoonlijke mening te ventileren in plaats van het Woord van God te verkondigen, zijn verkeerd bezig. De kerk moet oppassen als ze alleen maar "Ik denk...," "Ik voel...," of "Ik ben van mening dat..." hoort. We moeten de Bijbel voor zichzelf laten spreken en niet proberen ervoor te spreken. Paulus zei tegen Timotheüs dat hij het Woord moest prediken. Dit betekent dat een leider nooit de kansel mag gebruiken om mensen van zijn perspectief te overtuigen; integendeel, hij zou juist dat moeten leren wat de Bijbel zegt.

. . .

Geleid door Emoties

In veel kerken laat men zich door emoties leiden in plaats van door de inhoud. Mensen worden veel te gemakkelijk geraakt door emoties en schrijven hun gedrag gewoonlijk toe aan de kracht van de Heilige Geest die in de dienst rond gaat. Dat hoeft helemaal niet zo te zijn. Velen hebben het gevoel dat ze niet naar de kerk zijn geweest als ze niet geschreeuwd of geschud hebben of op de grond gevallen zijn. Maar dit is slechts een uiting van emotie en het zegt niets over de inhoud. Je weet pas of er echt een beweging van de Heilige Geest is geweest, als er een echte en blijvende harttransformatie heeft plaatsgevonden.

Vaak kunnen velen hier geen onderscheid in maken. Sommige mensen raken snel verveeld als het Woord op een eenvoudige, directe wijze onderwezen wordt. Wat ze willen is opwinding. Velen van deze generatie zitten aan een vast dieet van snel bewegende videogames, posten op sociale media en constant sms'en. Het is geen wonder dat ze het saai vinden om stil te zitten en alleen te luisteren. En als we eerlijk zijn, opwinding verkoopt! En het evangelie? Niet zo. Als kerkgangers niet willen veranderen, maar alleen behoefte hebben aan hype en visuele stimulatie, zullen ze niet lang op plekken blijven waar goed onderwijs is. En hoe moeilijk we het ook vinden om te geloven, er zijn serieus plaatsen waar men niets anders doet dan voorgangers leren hoe ze moeten schreeuwen en gillen om de emoties van de menigte op te zwepen. Dit mag al dan niet worden gedaan om een echte beweging van God te simuleren, maar het voldoet wel degelijk aan de behoefte van mensen aan emotie.

Elke keer als iemand met kennis van de Schrift koud begint te worden en van Gods Woord afdwaalt, is de kans groot dat die persoon een zelfingenomen houding krijgt en er dan vanuit gaat dat de regels niet langer op hem of haar van toepassing zijn. Voor buitenstaanders komen ze heilig over, omdat ze slim omgaan met Gods Woord, maar dat betekent nog niet dat ze er ook naar leven. Als dit met voorgangers gebeurt, worden ze een gevaar, niet alleen voor zichzelf maar ook voor anderen, waarbij ze van kwaad tot erger gaan; zij misleiden en worden misleid (2 Tim. 3:13). Er is gezegd dat de mensen die het moeilijkst te overtuigen zijn, degenen zijn die denken dat ze de antwoorden al kennen.

Voor een voorganger die ooit de smalle weg bewandelde en het ware Woord van God predikte, is het ook makkelijk om de eer op te strijken voor de Zegen van God als het aantal mensen begint toe te nemen. Als de bediening groeit en de mensen, samen met hun geld, voor de deur in de rij staan, is er niet veel voor nodig om zulke leiders te laten denken dat ze het gemaakt hebben. Ze vinden het leuk om op een voetstuk gezet te worden. Ze houden ervan om gezien te worden. Dit is precies hoe de Bijbel de Farizeeën in de tijd van Jezus beschrijft. Jezus zei tegen hen: "U bent het die uzelf rechtvaardigt voor de mensen, maar God kent uw hart. Want wat hoog is onder de mensen, is een gruwel voor God." (Lucas 16:14-15).

In onze tijd noemen ze zichzelf misschien geen Farizeeën, maar ze doen exact hetzelfde. Tijdens kerkdiensten zitten ze bijvoorbeeld vaak in hun 'studeerkamer' te wachten op hun grootse entree. Dan, terwijl het koor 'How Great Thou Art' begint te zingen, begeven ze zich naar de kansel met bewakers die hen voorgaan, met 'wapendragers', een titel die geen betekenis heeft in de nieuwtestamentische kerk, maar gewoon een positie die controlerende leiders kunnen gebruiken om te heersen over het geloof en de wil van anderen. Mensen hebben veel verlegenheid en schaamte geleden door deze on-Bijbelse rol in de kerk van vandaag. Begrijp me niet verkeerd, een hart hebben om in de kerk te dienen is een grote gave, maar het merendeel van wat wordt getoond door het dragen van een wapenrusting is allesbehalve ware dienst aan God; het is een verheerlijkte slavenpositie geworden ten opzichte van de ongekwalificeerde leider. Degenen die dienen, doen dit vanuit de gedachte dat ze gered zijn en dat God tevreden over hen is, omdat ze die persoon dienen. Maar als je je eigen familie verwaarloost om voor leiders boodschappen te doen en op hun kinderen te passen is dat een goede indicatie dat velen Christus niet dienen, maar mensen. Klinkt dit bekend? Hoeveel predikanten die dit soort dingen doen, hebben de smalle weg verlaten en zijn een totaal andere richting ingeslagen? Hoeveel voorgangers prediken het Woord aan hun gemeente terwijl ze het in hun eigen leven bewust ongehoorzaam zijn? Hoeveel voorgangers ontkennen het ware Woord en verwateren de boodschap, zodat het niet krachtig genoeg meer is om van zonde te overtuigen? Pas op voor elke leider die degenen die dienen, kleineert en minacht.

Veel televangelisten die momenteel erg populair zijn en vaak op tv te zien zijn, passen in deze beschrijving. In het begin predikten ze misschien het ware Woord, maar op een bepaald moment hebben ze een compromis gesloten, begonnen ze de oren te strelen en wilden ze de rijke donateurs niet beledigen om zo populair te worden. Fans denken over het algemeen dat ze door God goedgekeurd zijn, enkel en alleen omdat ze zo zichtbaar zijn en een groeiend aantal volgers hebben. Ze beseffen niet dat alleen werelds succes en een toenemend aantal mensen, niets te maken hebben met werkelijke godsvrucht.

De tijd is gekomen dat God alles door elkaar schudt en het begint bij het huis van God. Hij wil wat waar is scheiden van de leugen. Hij doet dit om ons terug te brengen naar Zijn oorspronkelijke bedoeling, naar het Woord, waar we opnieuw moeten beginnen, door in de geheime plaats door te dringen en te aanbidden in geest en in waarheid.

Hoeveel we een leraar ook leuk vinden of respecteren, we moeten zijn fruit inspecteren om te zien of het staat of valt. Hoeveel mensen hem ook volgen, als zijn leer niet in overeenstemming is of niet overeenkomt met de Schrift, is het niet van God (Rom. 16:17-18). Als dit uw kerk beschrijft, is het tijd om te vertrekken.

HOOFDSTUK 10

BEVRIJD VAN VALSE LEIDERS

ALS WE ONDER HET ONDERWIJS VAN ONTROUWE LEIDERS BLIJVEN, versterken we in feite hun eigenzinnige gedrag. Als ze voortdurend door ons gesteund worden, zullen ze dat hoogstwaarschijnlijk als goedkeuring beschouwen en zelfs nog moediger worden, naarmate ze meer vanuit het vlees bezig zijn, dan vanuit de Geest van God.

Uiteindelijk komen deze leiders op een punt waarop ze aannemen dat ze van alles kunnen onderwijzen, of het nu goed of fout is, en de mensen zullen er geen bezwaar tegen hebben. Charles Spurgeon heeft meer dan een eeuw geleden een krachtige profetische uitspraak gedaan die tot onze generatie spreekt. Hij zei: "Overal is apathie. Het kan niemand iets schelen of wat gepredikt wordt waar of onwaar is. Een preek is een preek, wat het onderwerp ook is; alleen, hoe korter, hoe beter." Hoeveel mensen die naar een kerk gaan in Amerika zitten tegenwoordig niet net zo in elkaar? En wanneer kerkgangers deze gesteloze houding aannemen, wordt het gevaarlijke leiders erg gemakkelijk gemaakt hun mensen onredelijke dingen te vragen die God nooit heeft verlangd, waaronder enorme sommen rijkdom, onroerend goed of andere materiële goederen. Ze kunnen met zulke dingen wegkomen vanwege de apatische houding van de meeste christenen; zij staan het niet alleen toe, maar zijn het zelfs gaan verwachten.

Waarom komen we deze verkeerde praktijk zo vaak op een schaamteloze manier tegen? Omdat we ons niet hebben beijverd om ons welbeproefd voor God te stellen, door het Woord van de Waarheid (2 Tim. 2:15) recht te snijden van onwaarheden. We hebben zulk gedrag niet tegenover de Schrift gezet en de dingen benoemd zoals ze zijn. In plaats van in de Schrift te graven om God te leren kennen, hebben we de woorden van charlatans, wolven in schaapskleren, aanvaard en zijn we meegegaan met gedragingen die nooit toegestaan zouden zijn als het lichaam van Christus hen ten verantwoording had geroepen (2 Kor. 11:13-20). We onderscheiden de waarheid niet omdat we het onderwijs niet beoordelen in het licht van de Schrift.

Degenen die van valse leringen vandaan zijn gekomen, getuigen vaak dat ze verblind waren door charisma. En totdat de Heilige Geest hen de waarheid openbaarde, konden ze absoluut niet door het bedrog heen kijken. Dit lijkt veel op verliefdheid, waarbij je de waarschuwingssignalen van misbruik door je geliefde, over het hoofd ziet. Zelfs als een man ontrouw is, en de waarschuwingssignalen er zijn, zijn er nog vrouwen die ze negeren, de realiteit ontkennen en denken dat ze overdreven reageren of dingen zien die er niet zijn. En hoewel er misschien vrienden zijn die hen waarschuwen, weigeren ze de waarheid onder ogen te zien, totdat het veel te laat is, ze er tot over hun oren in zitten en niet meer weg kunnen. Dat is het punt waarop degenen die misbruikt zijn boos raken op zichzelf en anderen, omdat ze zijn bedrogen, vernederd, beschadigd en misschien zelfs arm zijn geworden door een bedrieger.

Mensen ondergaan veel pijnlijke dingen als ze geloven dat God hen iets probeert te leren. Maar ze moeten wel weten dat God, als Hij hen iets wil leren, nooit zal riskeren dat hun ziel als gevolg daarvan naar de hel gaat. En hoewel we in het begin misschien blind zijn voor de foute dingen in een leider, moeten we, als we uiteindelijk het licht wél hebben gezien, zien weg te komen, zodra we kunnen.

In werkelijkheid zijn wij vaak zelf degenen die weigeren los te laten. We zijn helemaal in beslag genomen door, lopen weg met en zijn verliefd geworden op een kwaadaardig systeem. Soms proberen we vast te houden, zelfs als we weten dat het niet werkt. Vaak heeft God al deuren geopend om te ontsnappen, en toch blijven we er naar teruggaan, als een mot naar een vernietigende vlam. Onze geest zal misschien van binnen al een seintje geven, maar toch moet het nog erger worden voordat we het eindelijk beu zijn en beseffen dat we geen andere keus hebben dan te vertrekken. Op dat moment is het tijd om het stof van onze schoenen te schudden en door te gaan.

Sommigen van ons hebben steeds weer hetzelfde gedrag vertoond, dat valse leiders in staat stelt de controle over te nemen, zelfs toen we wisten dat het voorheen niet werkte. In sommige opzichten lijkt het op een verslaving die we moeten blijven voeden. Hoe vaak moet ons worden beloofd dat als we een zaadje zaaien, we binnen negentig dagen miljoenen dollars zullen krijgen? Hoeveel preken heb je nog nodig waarin gezegd wordt dat je uit de schulden komt als je dit specifieke bedrag geeft? Hoe vaak geloven we nog dat als je een zaadje zaait, God jouw huwelijk of van degenen die je lief zijn, zal redden? Het is interessant dat juist díe mensen die zeiden dat je een zaadje voor je huwelijk moest zaaien, vaak zelf in een scheiding terecht zijn gekomen. Hoe vaak horen en geloven we nog dat "het vermogen van de zondaar weggelegd is voor de rechtvaardige," zoals Spreuken 13:22 zegt?

Nu we bij dit onderwerp zijn, moet ik opmerken dat degenen die lesgeven over de overdracht van de rijkdom van de wereld, hun rijkdom nooit van de wereld hebben ontvangen. Ze ontvingen het van ons, de kerk. Deze leiders zullen de massa ervan proberen te overtuigen dat niet de kerk hun rijk heeft gemaakt, maar dat ze hun rijkdom hebben ontvangen van investeringen of bedrijven. Dit is regelrechte leugen en bedrog. Zonder het kerkgeld zouden ze helemaal geen bedrijf hebben. En geloven we echt dat God ons een honderdvoudige zegen zal geven voor elke dollar die we zaaien? Laten we niet vergeten wat de Bijbel zegt over valse leraren en hun vernietiging: "En zij zullen u door hebzucht met verzonnen woorden uitbuiten. Het vonnis over hen is reeds lang in werking en hun verderf sluimert niet." (2 Petr. 2:3). Wat is er met het gezond verstand gebeurd? Wat is er gebeurd met "Als het te mooi klinkt om waar te zijn, is het dat waarschijnlijk ook?"

Als iemand zichzelf Gods man of vrouw noemt, wil dat nog niet zeggen dat die persoon het niet vanwege het geld kan doen. Hoe vaak moeten we nog gestreeld worden voordat we stoppen en ons afvragen: "Waar staat dat in de context van de Schrift?" Per slot van rekening, als de Schrift het niet zegt, is het verkeerd. Als het sowieso al van God was geweest, zou die zegen van een miljoen dollar zich precies op tijd geopenbaard hebben.

De reden dat een twijfelachtige leider een deadline van negentig dagen opgeeft, is omdat hij daarmee een uitweg heeft, met meestal genoeg tijd om degenen die misleid zijn, zijn profetische leugen te laten vergeten. Verwerpelijke profeten zijn berucht om het beschuldigen van slachtoffers wanneer profetieën niet uitkomen. Ze beweren dat degenen die bedrogen zijn het zelf verkeerd begrepen hebben, of dat ze het überhaupt nooit hebben gezegd, of dat degenen die misleid zijn niet genoeg geloof hadden. Maar wat de reden ook is, het is nooit de schuld van de leider. Ik ben er zeker van dat dit bij veel lezers een bel doet rinkelen.

Als dit allemaal gebeurt, hebben we vaak de neiging om God de schuld te geven, en toch, als we eerlijk zijn, moeten we zelf verantwoording nemen voor het feit dat we niet trouw zijn gebleven aan het Woord. Deze situaties met valse profeten hebben niets met God te maken. Het echte probleem is: wat speelt er in ons eigen leven waardoor we zo snel meegaan in plannen om snel rijk te worden? Waarom worden we zo gedreven door hebzucht? Als we in plaats daarvan ervoor zouden kiezen om God lief te hebben en te vertrouwen, en er niets voor terug te eisen, zou niemand ons ooit kunnen bedriegen.

Dat brengt ons bij het onderwerp tevredenheid. Innerlijke tevredenheid en de gezindheid van vrede in onze gedachten worden niet beïnvloed door factoren van buitenaf. Tevredenheid is het resultaat van onderwerping aan de wil van God en het loslaten van controle op je leven op basis van wat je wel of niet hebt. Het is waarschijnlijk waar dat onze cultuur in verhouding tot andere culturen het meest worstelt met het tevreden zijn met minder dan het beste. In vergelijking met de meeste anderen in de wereld, hebben wij (Amerikanen) inderdaad het beste. Sommigen zeggen misschien: "Dus waarom zouden we niet altijd uitgaan van het beste zodat we tevreden zijn?" Maar waar in de Schrift worden deze dingen ons ooit beloofd? Een zonde waar in onze kerken niet veel over gepredikt wordt, is hebzucht (Lucas 12:13-34). Hebzucht en het nastreven van dingen die door God verboden zijn, zijn opnieuw gedefinieerd door termen als 'doelen' en 'ambitie'. De Heilige Geest zal nooit iemand ertoe brengen iets te onderwijzen dat afgoderij bevordert – de mens probeert God te gebruiken, enkel en alleen om aan de verlangens, doeleinden en wensen van de mens tegemoet te komen. Jezus heeft nooit gezegd dat we allemaal rijk zouden zijn. Hij sprak juist vaak over het feit dat geld een struikelblok, een verleiding en een valstrik kon zijn (1 Tim. 6:1-11). Hij zei: "Geen huisslaaf kan twee heren dienen, want hij zal of de ene haten en de ander liefhebben, of hij zal zich aan de ene hechten en de ander minachten. U kunt niet God dienen en de mammon" (Lucas 16:13). We zullen nooit tevreden zijn tenzij we eerst van God houden en een hart hebben dat ernaar verlangt om wat we al hebben te gebruiken om het evangelie van Christus te verspreiden. Als ons hart zó is, kunnen we niet worden belogen en bedrogen. Als we Gods Woord in ons hart bewaard hebben en tot die geheime plaats zijn doorgedrongen, zullen we weten welke plannen Hij voor ons heeft - en niet de plannen van een of andere misleidende profeet.

Velen in onze tijd leuren met het Woord van God voor winst en laten het dingen zeggen die God nooit bedoeld heeft (zie 2 Kor. 2:17 en 4:2), vooral als het gaat om geven en wat een 'offer van de eerstelingen' wordt genoemd. Dit is een weerzinwekkende zwendel die zo onzelfzuchtig klinkt, maar het stelt iemand die naïef is in feite elke keer weer op de proef. Volgens de eerste brief aan de Korintiërs en in het boek Handelingen, is ons eerste fruitoffer niet geld, maar Jezus, die als eerste uit de dood opstond, zoals de apostel Paulus uitlegt in 1 Kor. 15:20 en Hand. 26:23. In het Oude Testament werd tijdens het Pascha het eerste fruitoffer gegeven om de toekomstige oogsten te wijden. Alle offers waren een type en schaduw van Christus. Toen Jezus werd geofferd, was dat tijdens het Pascha, dat gewijd was aan en wees op een komende oogst van zielen in het koninkrijk van God. Maar tegenwoordig bedriegen deze oneerlijke leraren ons door te zeggen dat als we eerst ons beste en grootste geschenk geven (sommigen onderwijzen dat dit betekent dat we aan het begin van het jaar ons eerste salaris moeten afstaan), we meer dan genoeg (overvloed) hebben voor de rest van het jaar. Ze vertellen dit zó overtuigend, dat velen hun mensen, al worstelend om hun rekeningen te betalen, achterlaten, terwijl de leider geniet van de vruchten van het werk dat zij gedaan hebben, vaak badend in luxe, terwijl ze 'vet en vatsig' worden (Jer. 5: 26-28). Ik vraag me vaak af hoe ze zichzelf nog in de spiegel kunnen kijken, want ze weten dat ze hun vrienden en broeders en zusters in Christus tot slachtoffer maken. Maar in hun verwrongen geest denken ze dat ze er recht op hebben, hoewel ze geen legitiem werk hebben verricht om het te verdienen. Zoals Salomo zei: "Leugenbrood smaakt de mens zoet, maar daarna heeft hij zijn mond vol kiezelstenen" (Spr. 20:17). En "Schatten aan goddeloosheid baten niet, maar gerechtigheid redt van de dood" (Spr. 10:2).

Het moet Gods hart breken dat deze dingen zo openlijk en zo vaak in zijn kerk gebeuren, omdat ze zo ver af staan van hoe God het ooit bedoeld heeft. De Schrift zegt dat zulke leraren zwaarder gestraft zullen worden omdat ze misbruik maken van de armen, weduwen en onoplettende mensen (Lucas 20:45-47).

Gewetenloze leraren hebben er totaal geen moeite mee hun mensen te vertellen dat hun gebrek aan welvaart te wijten is aan een gebrek aan geloof, zodat ze er zelf ongeschonden uit komen. Het verschuiven van schuld is een enorm rode vlag die ervoor moet zorgen dat we rechtop gaan zitten en opmerkzaam zijn. In werkelijkheid komen dergelijke profetieën niet uit, omdat God ze überhaupt nooit heeft uitgesproken. Immers: "Wie zegt iets en het gebeurt, als de Heere het niet gebiedt?" (Klaagliederen 3:37). Wees gewaarschuwd, God zal nooit achter een belofte gaan staan die Hij niet heeft gedaan. En hoewel Hij ons misschien nog steeds bij zo'n onderwijs weg zal halen, doen we er wijs aan het verlies van geld, en soms ook bezittingen, als een zeer dure en onvergetelijke les te zien.

God is het zat dat mensen Zijn naam misbruiken voor onrechtmatig gewin. Het maakt Hem boos om mensen te zien vallen voor oplichterij. Toen de discipelen Jezus volgden, begon Hij hen te vermanen met betrekking tot heiligheid en huichelarij en licht te werpen op de bijbedoelingen van valse leraren (Lucas 12:1-3). Velen, vooral degenen die aangetrokken werden door tekenen, krachten en wonderen, haakten af, omdat ze ervan uitgingen dat het te moeilijk was voor hen om Christus te volgen. Dat kwam doordat ze een gemakkelijke verlossing wilden die geen verandering van hart of gedrag vereiste.

Als de Geest van God niet werkzaam is binnen de gemeente, is de geest van de Antichrist (Satan) dat wel. En als we niet gegrond zijn op het Woord, kunnen we ons aangetrokken voelen tot de namaakgeest die daar aan het werk is. Deze verleidende geesten kunnen goedgelovigen die minder oplettend zijn, gemakkelijk voor de gek houden. Omdat we in deze omgeving niet geconfronteerd worden, kunnen we ons zelfs in zo'n kerk op ons gemak voelen, anderen erover vertellen en hen dan daadwerkelijk binnenhalen. Op deze manier zal de Vijand ons gebruiken om zo ook anderen te verleiden tot hun ultieme verdoemenis, hetgeen op zijn beurt weer schade zal toebrengen aan het lichaam van Christus. Auteur en theoloog John Warwick Montgomery zei eens: "De kerk kan een plaats zijn van versnelde verlossing; maar het kan ook een plaats zijn van versnelde verdoemenis." We mogen niet spelen met de zielen van degenen die God liefheeft, want Hij zal ons ook verantwoordelijk houden voor het op een dwaalspoor brengen van onschuldige mensen (Marcus 9:42).

We horen niet veel meer preken over verleiding en het gevaar van boze geesten die onwetende en onschuldige mensen misleiden. Maar iedere keer gebeurt het weer en dit zou ervoor moeten zorgen dat we goed uitkijken voor de arrogante en trotse leraren waar we ons door laten onderwijzen. Jezus' woorden kunnen we lezen in Mattheüs 18:3-6:

> "Voorwaar, Ik zeg u: Als u zich niet verandert en wordt als de kinderen, zult u het Koninkrijk der hemelen beslist niet binnengaan. Wie zich dan zal vernederen als dit kind, die is de belangrijkste in het Koninkrijk der hemelen. En wie zo'n kind ontvangt in Mijn Naam, die ontvangt Mij. Maar wie een van deze kleinen, die in Mij geloven, doet struikelen, het zou beter voor hem geweest zijn dat een molensteen aan zijn hals gehangen was en hij in de diepte van de zee gezonken was."

We mogen nooit vergeten dat, wanneer wij door misleidende leraren onderwezen worden, onze kinderen ook op een dwaalspoor worden gebracht. Willen we verantwoordelijk worden gehouden voor het feit dat we dergelijke dingen toestaan? Als we in een kerk blijven waar het mis is, zal God ons oordelen voor het feit dat we onze kinderen niet in bescherming genomen hebben. Denk je eens in. De meesten van ons zouden er alles aan doen om onze kinderen te beschermen, dus zullen we dan niet voor hen weg gaan? Als we het al niet voor onszelf doen?

. . .

Pas op voor Degenen die Je een Last Opleggen, die God Niet Doet

Een vaak verkeerd begrepen Schriftgedeelte is Mattheüs 11:28:

"Kom naar Mij toe, allen die vermoeid en belast zijn, en Ik zal u rust geven. Neem Mijn juk op u, en leer van Mij dat Ik zachtmoedig ben en nederig van hart; en u zult rust vinden voor uw ziel; want Mijn juk is zacht en Mijn last is licht."

Het is geen juiste uitleg als leraren zeggen dat het hier gaat om mensen die lichamelijk vermoeid zijn. Dat is niet wat Jezus bedoelde. Veeleer sprak Hij over hen die belast waren onder de heerschappij van de Farizeeën, die steeds bezig waren een steeds groter wordend web van wetten te bedenken die geen mens ooit zou kunnen houden. In feite begonnen Schriftgeleerden, wiens oorspronkelijke taak het alleen was om Schriftpassages woord voor woord voor toekomstige generaties op te tekenen, dat wat God had gezegd verkeerd te interpreteren, eraan toe te voegen en weg te laten. In de loop der jaren nam deze praktijk verder toe tot het punt waarop ook nieuwe Schriftgeleerden eenvoudigweg de mening van voorgaande Schriftgeleerden overnamen. Het systeem was een schaamteloze afwijking van wat God oorspronkelijk had bedoeld en werd daardoor een leeg en zinloos ritueel dat mensen nooit naar God toe trok. Het bracht juist verwijdering.

In de tijd van Jezus waren de ceremoniële tradities erg ingewikkeld en moesten de deelnemers zich tot het uiterste inspannen om bij de synagogen te horen. Ze moesten verschillende vergoedingen betalen, geld overmaken voor van alles en nog wat, overbodige bijeenkomsten bijwonen, enzovoort; het was meer een sociale club, doordrenkt van mysterie en traditie, dan een plaats van aanbidding. Doet dit je denken aan de kerk die je bezoekt? Na verloop van tijd hebben veel mensen het gewoon opgegeven om te proberen om bij God te komen, omdat het zo arbeidsintensief, complex en duur was geworden. Wie kan hen dat kwalijk nemen?

Toen Jezus ten tonele verscheen, maakte Hij hen die de weg naar God zo ingewikkeld hadden gemaakt, te schande. Hij bestrafte hen, omdat ze rijkdom binnenhaalden ten koste van de armen en behoeftigen, omdat ze pronkten met hun macht en omdat ze zichzelf buiten de regels stelden. Toen Jezus de tempel reinigde, dit staat beschreven in Johannes 2: 13-16, trad Hij in het openbaar op tegen zulke tradities. Bij Hem was geen plaats voor corrupte religieuze heersers en het kon Hem niet schelen of ze beledigd waren (Matt. 15:10-14), omdat ze degenen waar God van hield van hen af duwden in plaats van hen te verwelkomen.

Let op wat Jezus zegt in Marcus 12:38-40:

> "Pas op voor de Schriftgeleerden, die gesteld zijn op het rondlopen in lange gewaden, op begroetingen op de markten, op de voorste plaatsen in de synagogen en op de ereplaatsen tijdens de maaltijden. Zij verslinden de huizen van de weduwen en voor de schijn bidden zij lang. Dezen zullen een zwaarder oordeel ontvangen."

Waarheid Vereist een Reactie

In Mattheüs hoofdstuk elf richtte Jezus zich tot degenen die in valse religieuze systemen verstrikt waren geraakt. Hij liet hen weten dat als ze bereid waren af te leren wat hun was geleerd, ze het eenvoudige evangelie van

Hem konden leren en echte rust voor hun ziel konden vinden. De enige andere optie was om onder het oude systeem te blijven, waar nooit wat zou veranderen en leraren nooit zouden toegeven dat ze het verkeerd hadden. Gedurende die jaren was de Wet vervormd en klonk ze vaak zo hard dat de oorspronkelijke betekenis ervan verloren ging. Wat in eerste instantie bedoeld was om de mensen naar God toe te trekken, dreef hen nu juist bij Hem vandaan. Wie wordt aangetrokken door afwijzing?

Om de mensen in hun denken te laten veranderen, moesten ze de waarheid over God horen. Daarom zegt de Schrift: "Zo is dan het geloof uit het gehoor en het gehoor door het Woord van God" (Rom. 10:17). Buiten een nieuwe openbaring over wie God is, en hulp van de Heilige Geest, is het voor mensen onmogelijk om het concept van verlossing en hun behoefte eraan werkelijk te bevatten.

De Bijbel zegt dat het evangelie dwaasheid is voor het natuurlijke denken. Het kan eenvoudigweg niet worden begrepen als iemand niet geestelijk wakker geschud wordt (1 Kor. 2:12-14). Hoe hard iemand ook zijn best doet, hoe oprecht iemand ook is, als iemand denkt, spreekt en handelt vanuit een valse leer, kan hij of zij de waarheid van het evangelie niet vatten. En degenen die zo'n valse leer als waarheid aannemen, lopen gevaar voor de hel.

Hosea 4:1-2 zegt: "Hoor het woord van de HEERE, Israëlieten, want de HEERE heeft een rechtszaak met de inwoners van dit land, omdat er geen trouw, geen goedertierenheid en geen kennis van God in het land is. Vloeken, liegen, moorden, stelen en overspel plegen zijn wijdverbreid; bloedbad volgt op bloedbad ..."

De profeet zegt hier in niet mis te verstane bewoordingen dat er geen kennis van God in het land is. Nogmaals, het woord *kennis* verwijst niet alleen naar louter informatie. Hij zegt dat er geen voortgaande openbaring was van wie God was. Hosea vroeg hoe iemand kan beweren God te kennen, terwijl hij niet volgens de hele raad van het Woord van God leeft. Dit waren leraren die ervoor kozen om alleen díe dingen te onderwijzen die hun eigen doeleinden zouden dienen, terwijl ze alles wat die niet ondersteunden, achterwege lieten. En hoewel de mensen zogenaamd de ware God kenden, kregen ze valse leer onderwezen en hadden ze niets geleerd dat hun hart zou veranderen of hen naar de tegenwoordigheid van de levende God toe zou trekken.

Telkens wanneer we binnen de parameters van Gods Woord leven, moet ons gedrag daarmee overeenstemmen, door niet alleen het Woord van God recht te snijden, maar het ook op de juiste manier toe te passen. De wedergeboorte maakt ons dood voor de zonde en levend voor God, waardoor er geen ruimte meer kan zijn voor de oude mens. Op geen enkele manier kan een ware gelovige zeggen dat hij voor Christus leeft, terwijl hij in de praktijk dingen doet waarvan God zegt dat ze zondig zijn (1 Joh. 1:5-6). We zouden steeds meer moeten groeien, niet alleen in kennis, maar ook in gehoorzaamheid aan God. Hosea 4:6 vermeldt Gods waarschuwing: "Mijn volk is uitgeroeid, omdat het zonder kennis is. Omdat ú de kennis verworpen hebt, heb Ik u verworpen om als priester voor Mij te dienen. Omdat u de wet van uw God hebt vergeten, zal Ik ook uw kinderen vergeten." God zei niet dat ze zouden sterven door gebrek aan informatie. In plaats daarvan sprak Hij tot de priesters die er niet in slaagden de mensen de waarheid van Gods Woord te onderwijzen. En bijgevolg werden Gods volk niet veranderd door de vernieuwing van hun denken. Daarom leed de natie en ging het ten onder aan misleiding en chaos. Hij vertelde de mensen dat, hoe meer de persoonlijke macht van de priesters toenam, hoe meer ze zondigden (vs. 7). Hoe meer materiële dingen ze verzamelden, hoe meer ze zondigden. Het is gevaarlijk om meer te willen en God niet te kennen. In feite is hebzucht een schaamteloos symptoom van een beschaving die ver van God is afgedwaald. Niet langer tevreden met slechts voorziening, begint hebzucht het beste en het meeste van alles te eisen, totdat mensen afdwalen van het geloof en, zoals Paulus Timotheüs waarschuwde, 'zich met vele smarten hebben doorstoken' (1 Tim. 6: 6-10).

Veel leiders in onze tijd zorgen er bewust voor dat hun mensen falen. Net als de Farizeeën in de tijd van Jezus leggen ze een onmogelijke standaard op en zeggen dan: "Doe het gewoon." En als de mensen dan falen, geven oneerlijke herders hen de schuld en zeggen ze dat het niet goed zit met hun hart. Ze zeggen hen dat ze zich niet hebben onderworpen aan God. De waarheid is echter dat het de leiders zelf zijn die zich niet aan God onderworpen hebben. Deze leiders dwingen die mensen om te doen wat ze zelf weigeren (Lucas 11:46). Het volgen van hun voorbeeld laat de mensen slechts wanhopig en hopeloos achter, in de overtuiging dat God óf een leugenaar óf impotent is.

In Handelingen 20:28-31 spreekt Paulus de kerk toe. Hij vergelijkt een huurling met een wolf, die de schapen niet spaart, maar alles doet wat nodig is om te krijgen wat hij wil:

"Zie dan toe op uzelf en op heel de kudde, te midden waarvan de Heilige Geest u tot opzieners aangesteld heeft om de gemeente van God te weiden, die Hij verkregen heeft door Zijn eigen bloed. Want dit weet ik: dat na mijn vertrek wrede wolven bij u zullen binnenkomen, die de kudde niet sparen; en dat uit uw eigen midden mannen zullen opstaan die de waarheid verdraaien om de discipelen weg te trekken achter zich aan. Daarom: wees waakzaam, en bedenk dat ik drie jaar lang, nacht en dag, niet heb opgehouden iedereen onder tranen terecht te wijzen."

Wolven zijn nooit tevreden – ze willen altijd meer. Paulus waarschuwt dat, zodra hij vertrekt, slechte leraren zullen binnenkomen en de kerk niet zullen sparen. Vervolgens richt hij zich tot de leiders en waarschuwt hen dat als ze niet oppassen, ze van de waarheid van God zullen afdwalen en ze zichzelf zullen verhogen voor persoonlijk gewin. De motivatie erachter is nooit veranderd: roem, macht, controle en geld. Ze komen allemaal met veel volgers als ze de mensen vertellen wat ze willen horen, in plaats van het ware Woord van God te prediken. Zulke leiders worden pragmatisch en doen wat voor hen het meest voordelig is, in plaats van vast te houden aan Gods oorspronkelijke bedoeling. Ze leren dat als je het gevoel hebt dat het God is, het ook God is. Ze moedigen de kudde aan dingen te doen al naar gelang hoe men zich voelt, in plaats van volgens de waarheid.

Pragmatisme werkt Gods koninkrijk tegen. Het houdt geen rekening met het feit dat hoewel God liefde is, Hij ook jaloers is en heiligheid eist. Vergis je niet, in Gods koninkrijk zijn er duidelijke absolute waarheden en duidelijke maatstaven waar we ons aan moeten houden. Als we eenmaal een echte openbaring hebben gekregen van wie God is en door zijn Heilige Geest geleid worden, zullen we niet voor de gek gehouden worden door elke nieuwe wind van leer die voorbij waait en die zegt dat alles kan en mag (Ef. 4:14).

Als we de Bijbel tot ons nemen en in Gods aanwezigheid komen en Hem persoonlijk leren kennen, zullen we veranderd worden door tijd met Hem door te brengen en het Woord van de Waarheid recht te snijden. Zo zullen we echt dood worden voor de zonde en levend voor Christus. En we zullen meer van onze broeders en zusters houden dan van onszelf en het beste voor hen willen in plaats van kritisch, jaloers of onverdraagzaam te zijn. We zullen ons eigen hart voortdurend onderzoeken om te zien of we verborgen zonden, apathie ten aanzien van geestelijke zaken, onvergevingsgezindheid en bitterheid, of andere houdingen hebben die God niet behagen. Uiteindelijk zou wat Gods hart breekt, ook ons hart moeten breken. En als onze leiders ons dat model niet leren, leren ze ons niet de waarheid.

God is liefde, maar als we alleen de liefde van God onderwijzen geeft dat een verkeerde voorstelling van het karakter van God. God vergeeft, maar door alleen vergeving te onderwijzen en geen verantwoordelijkheid, gaan mensen in een leugen geloven, en krijgen zo een vrijkaart om te zondigen. Het gevolg is dat sommigen misleid zullen worden met de gedachte dat ze echt verlost zijn en dus geen reden zien waarom ze zouden moeten veranderen. Maar in het evangelie van Mattheüs zei Jezus: "Aan hun vruchten zult u hen herkennen" (7:16). Grof gezegd betekent dit dat als noch God noch mensen een verandering in ons leven kunnen zien, er nooit enige verandering heeft plaatsgevonden. En de persoon die hier beschreven wordt, zal geschrokken en teleurgesteld zijn bij het oordeel als Jezus zegt: "Ga weg van Mij, want ik heb u nooit gekend" (7:23).

Als we mensen vertellen dat ze nog wel tijd hebben om over hun redding na te denken, brengen we hun ziel wel degelijk in gevaar. Wat als ze sterven zonder Christus te hebben aanvaard? Wat als ze verstrikt raken in wat ze doen en koud worden als het gaat om de dingen van God? De Bijbel zegt duidelijk dat het vandaag de dag van redding is; niet één van ons heeft de garantie op morgen (2 Kor. 6: 2; Matt. 25:13).

Twee Petrus 3:9-10 zegt dit:

"De Heere vertraagt de belofte niet (zoals sommigen dat als traagheid beschouwen), maar Hij heeft geduld met ons en wil niet dat enigen verloren gaan, maar dat allen tot bekering komen. Maar de dag van de Heere zal komen als een dief in de nacht. Dan zullen de hemelen met gedruis voorbijgaan en de elementen brandend vergaan, en de aarde en de werken daarop zullen verbranden."

Leiders die maar één kant van God onderwijzen in de hoop hun ledenaantal, populariteit en rijkdom te vergroten, misleiden volgelingen ongetwijfeld naar een brede weg. Aan de andere kant geven goede herders een evenwichtig beeld van God, waarbij ze zijn liefde, barmhartigheid, heiligheid, toorn en gerechtigheid in gedachten houden. Het weglaten van één van deze dingen brengt de geestelijke toekomst van de kudde van een voorganger in gevaar, en het bloed van het schaap zal ongetwijfeld aan zijn handen kleven.

HOOFDSTUK 11

WAT WAARHEID LIJKT TE ZIJN

Zelfs als een leraar negenennegentig procent van de tijd de waarheid onderwijst, moeten we niet vergeten dat als ook hij er maar één procent naast zit, dit in Gods ogen nog steeds verkeerd is en als zonde zal worden beoordeeld. Een leraar die weigert het hele evangelie te prediken, maar keuze maakt in waar hij over spreekt, terwijl hij andere dingen achterwege laat, gaat ernstig de fout in. Waarheid vereist volledige, onvervalste loyaliteit aan de Schrift, zonder er iets aan toe te voegen of af te doen; al het andere is verdacht. Dit is wat Johannes erover zei in Openbaring 22:18-19:

> "Want ik getuig aan ieder die de woorden van de profetie van dit boek hoort: Als iemand iets aan deze dingen toevoegt, zal God hem de plagen toevoegen die in dit boek geschreven zijn. En als iemand afdoet van de woorden van het boek van deze profetie, zal God zijn deel afdoen van het boek des levens, en van de heilige stad, van de dingen die in dit boek geschreven zijn."

Over het algemeen accepteren mensen een grotendeels waarachtige boodschap van iemand van wie ze houden en die ze respecteren, maar ze kunnen zich wat afvragen bij enkele kleine punten die twijfelachtig klinken. Nadat ze erover hebben nagedacht, voegen ze zich, zelfs als ze het gevoel hebben dat de boodschap in enig opzicht verkeerd was, naar het leiderschap in de overtuiging dat ze betrouwbaar zijn. Dr. Harry Ironside vond deze reactie niet juist:

"Waarheid vermengd met dwaling is gelijk aan elke dwaling, behalve dan dat het er onschuldiger uitziet en daarom ook gevaarlijker is. God haat zo'n vermenging! Elke fout, of elke combinatie van waarheid en fouten, zou voor eens en voor altijd ontmaskerd en verworpen moeten worden. Als we dit vergoelijken zijn wij ontrouw aan God en Zijn Woord en zorgen we ervoor dat bedreigde zielen voor wie Christus stierf gevaar lopen."

Het is essentieel voor ons welzijn de hele waarheid te kennen. Stel, ik lijd aan migraine en mijn dokter zegt dat er een pil is gemaakt om migraine te genezen, maar hij vertelt er niet bij dat ik dood kan gaan door de bijwerkingen, dan vertelt hij me niet de hele waarheid. Mijn hoofdpijn zou er misschien wel door over gaan, maar als hij mij dit ene kleine feit niet vertelt, kan dat mij mijn leven kosten.

Er is rattengif dat voor achtennegentig procent uit maïsmeel en voor twee procent uit gif bestaat. En hoewel het percentage maïsmeel veel groter is dan het gif, is het nog steeds een dodelijke combinatie - niet bepaald iets dat iemand zou willen gebruiken om kip in te bakken. Die twee procent is het allerbelangrijkste ingrediënt, omdat het de hele lokdoos dodelijk maakt.

WAT WAARHEID LIJKT TE ZIJN

Wat als je een pakje ham zou openen en je vervolgens ziet dat twee van de vijf plakjes zwart van de schimmel zijn? Zou je dan de andere drie nog opeten? Niet, tenzij je een doodswens hebt. Maar als gelovigen trekken we vaak wel naar begaafde sprekers, die naar Bijbelteksten verwijzen, maar niet altijd Bijbelgetrouw zijn. Misschien zeggen ze voor het grootste deel wel dingen waar we het mee eens kunnen zijn, maar er is ook een andere kant. Wil onderwijs gezond zijn, dan moet het voor honderd procent Bijbelgetrouw zijn.

Vaak verontschuldigen leraren zich voor hun fouten door te zeggen: *"Ik ben ook maar mens en ook ik maak fouten."* Hoewel dat klopt en begrijpelijk is, is dat nog geen excuus om verkeerde dingen te onderwijzen. Zelden onderwijzen ze verkeerde dingen per ongeluk; over het algemeen gebeurt dit opzettelijk. En hoewel er bepaalde leerstellige verschillen zijn vanwege verschillende accenten en toepassingen binnen gemeenschappen, mogen fouten zoals verkeerde leerstellingen die afwijken van de Schrift, niet voorkomen.

God weet dat we allemaal mensen zijn, maar we moeten anderen niet onderwijzen buiten de kracht en leiding van de Heilige Geest. Als we ons hebben overgegeven en de Heer hebben gevraagd om door ons heen te spreken en wij onze menselijke meningen en vooropgezette ideeën daarbij terzijde leggen, zal God ons gebruiken om dingen te onderwijzen die ons volledig begrip te boven gaan. Het is werkelijk verbazingwekkend!

Als het Gods bedoeling zou zijn geweest dat we alleen zelfhulpmethoden zouden onderwijzen, zou Hij de apostelen hebben gebruikt om een handboek voor psychologen te ontwikkelen. Als Hij wilde dat het evangelie compleet academisch zou zijn, zou God met Zijn Geest een theologisch leerboek tot stand hebben gebracht. Maar

God heeft geen van deze dingen gekozen om het evangelie te prediken. Zijn verlangen is dat christelijke leiders zich volledig aan het koninkrijk toewijden en enkel en alleen hiervoor gepassioneerd zijn – het onderwijzen van de boodschap van redding en het maken van Gods volk tot discipelen door de kracht en zalving van de Heilige Geest. Volgens de Bijbel is al het andere 'een ander evangelie'.

Een woord dat je zelden meer hoort vanaf de preekstoel is *vleselijk*. Het heeft betrekking op wat naar het vlees en ongeestelijk is. Romeinen 8:5-14 zegt:

> "Immers, zij die naar het vlees zijn, bedenken de dingen van het vlees, maar zij die naar de Geest zijn, de dingen van de Geest. Want het denken van het vlees is de dood, maar het denken van de Geest is leven en vrede. Immers, het denken van het vlees is vijandschap tegen God. Het onderwerpt zich namelijk niet aan de wet van God, want het kan dat ook niet. En zij die in het vlees zijn, kunnen God niet behagen. Maar u bent niet in het vlees, maar in de Geest, wanneer althans de Geest van God in u woont. Maar als iemand de Geest van Christus niet heeft, die is niet van Hem. Als Christus echter in u is, dan is het lichaam wel dood vanwege de zonde, maar de geest is leven vanwege de gerechtigheid. En als de Geest van Hem Die Jezus uit de doden opgewekt heeft, in u woont, zal Hij Die Christus uit de doden opgewekt heeft, ook uw sterfelijke lichamen levend maken door Zijn Geest, Die in u woont. Welnu, broeders, wij zijn aan het vlees niet verplicht om naar het vlees te leven. Want als u naar het vlees leeft, zult u sterven. Als u echter door de Geest de daden van het lichaam doodt, zult u leven. Immers, zovelen als er door de Geest van God geleid worden, die zijn kinderen van God."

Met andere woorden, als we dood zijn voor de zonde, zullen we niet blijven leven alsof er niets gebeurd is dat ons veranderd heeft. Aan de andere kant, als we levend zijn voor de zonde en ervan genieten zoals we altijd hebben gedaan, is er absoluut niets gebeurd dat ons veranderd heeft en hebben we geen berouw.

De kerk hoort niet alleen een plaats te zijn waar we heen gaan om ons goed te voelen. Het is bedoeld als een plek om God te ontmoeten, Gods Woord te horen en om veranderd te worden door de vernieuwing van onze gezindheid - om overtuigd, aangemoedigd, genezen en hersteld te worden als we onze zonden belijden en ons weer richten naar Gods wegen. De kerk is er om ons toe te rusten om erop uit te gaan en het evangelie te delen met degenen die onze geweldige Heer nog niet kennen.

Het doet mijn hart zeer, te weten hoe er met het Woord van God zo onzorgvuldig wordt rondgegooid, en dat bedoel ik in de letterlijke zin. Vaak denken mensen dat de Bijbel gewoon een boek is als alle anderen. We gooien hem achteloos op het dashboard van onze auto en leggen hem zelfs op onze salontafel als onderzetter om onze koffiemokken op te kunnen zetten. Laten we erbij stil staan dat de Bijbel echt uniek is, omdat het de gezindheid van God openbaart, wat Hij denkt, hoe Hij zich voelt en alles over Hem. We moeten het behandelen met het respect dat het terecht verdient. Het is het geschreven, geopenbaarde Woord, waardoor wij kunnen weten wie de Schepper is.

Als we hiervan uitgaan, moeten we onszelf ook de vraag stellen hoe we ooit de gezindheid van God kunnen kennen als we de Bijbel nooit openbreken? Hoe kunnen we ooit weten wat de wil van God is als we nauwelijks weten wie Hij zelf is? Veel mensen gaan volledig aan God voorbij, omdat ze vertrouwen op het onderwijs van twijfelachtige leiders, in plaats van het Woord zelf te bestuderen. Dit is erg gevaarlijk om te doen. De Bijbel zegt dat velen misleid zullen worden door wolven in schaapskleren. Het zijn schadelijke leraren die onschuldig lijken, maar ze zijn allesbehalve dat. Onlangs hoorde ik een verhaal over hoe de Sioux-indianen buffels vingen. Bij de jacht op buffels leerden de Sioux dat ze de kudde niet rechtstreeks moesten benaderen, want dan zouden ze wegrennen en raakten ze buiten het bereik van hun speren. Na vele mislukte pogingen kwamen ze op een plan dat uiteindelijk eenvoudig werkte. De jagers wikkelden zich in de huid van een dier waar de buffels niet bang voor waren. Stap voor stap kwamen ze steeds dichter bij de nietsvermoedende kudde. Toen ze dichtbij genoeg waren, scheurden ze de dierenhuid van zich af en spietsten zo de buffel in het hart.

Dit is goed te vergelijken met hoe Satan en zijn dienaren werken, die "in schapenvacht naar u toe komen maar van binnen roofzuchtige wolven zijn" (Jezus' waarschuwing in Matt. 7:15). Schapen zijn angstige dieren die ervandoor gaan zodra ze wolven zien. Zo ook bedekken dodelijke leraren zich met schaapskleren zodat ze niet gevaarlijk lijken voor de kudde.

In Handelingen hoofdstuk 20 zei Paulus tegen de gelovigen dat ze zijn lessen en beschermende waarschuwingen moesten onthouden, zodat ze niet door misleidende leraren zouden worden opgelicht. Hij zei: "Zelfs uit uw eigen midden zullen mannen opstaan die de waarheid verdraaien om de discipelen weg te trekken achter zich aan. Daarom: wees waakzaam!" (20:30-31). Als mensen niet worden gewaarschuwd door ware leraren, kunnen onwaarachtige leraren hen beroven van de waarheid waar ze ooit aan vasthielden.

Als een voorganger non-stop dezelfde boodschap zou verkondigen, zouden velen uit verveling weggaan, zelfs als die boodschap bedoeld zou zijn om zijn volk te beschermen. (Fil. 3:1). Het is een probleem als we ontevreden worden over het oude en altijd maar op zoek zijn naar iets nieuws. We gaan weg, zoekend naar iets dat ons emotioneel zal raken, maar ten diepste hongeren we naar de waarheid die ons toerust en beschermt. Dit zijn de kerken waarin twijfelachtige leraren werken en goed gedijen.

De boeken Timotheüs en Titus worden pastorale brieven genoemd, wat betekent dat het essentieel is voor geestelijke leiders om deze boeken te kennen. In 1 Timotheüs hoofdstuk één onderwijst Paulus, de apostolische vader, zijn geestelijke zoon, Timotheüs, die op het punt staat leider te worden van de kerk in Efeze. Paulus uit zijn bezorgdheid over ketterse leraren in de eerste elf verzen:

> "Paulus, een apostel van Jezus Christus, overeenkomstig het bevel van God, onze Zaligmaker, en van de Heere Jezus Christus, onze hoop, aan Timotheüs, mijn oprechte zoon in het geloof: genade, barmhartigheid en vrede zij u van God, onze Vader, en van Christus Jezus, onze Heere. Ik herinner u eraan hoe ik u, toen ik naar Macedonië reisde, ertoe opgeroepen heb in Efeze te blijven om sommigen te bevelen geen andere leer te onderwijzen, zich ook niet bezig te houden met verzinsels en eindeloze geslachtsregisters, die meer twistgesprekken opleveren dan door God gewerkte opbouw in het geloof. Het einddoel nu van het gebod is liefde die voortkomt uit een rein hart, een goed geweten en een ongeveinsd geloof. Sommigen zijn daarvan afgeweken en hebben zich gewend tot zinloos gepraat. Zij willen leraars van de wet zijn en hebben geen inzicht in wat zij zeggen en evenmin in wat zij zo sterk

benadrukken. Maar wij weten dat de wet goed is, als men die wettig gebruikt, en als men dit weet: dat de wet niet bestemd is voor de rechtvaardige, maar voor wettelozen en voor opstandigen, goddelozen en zondaars, onheiligen en onreinen, voor hen die vader of moeder vermoorden, voor doodslagers, voor ontuchtplegers, voor mannen die met mannen slapen, voor mensenhandelaars, leugenaars, meinedigen en als er iets anders tegen de gezonde leer is, overeenkomstig het Evangelie van de heerlijkheid van de zalige God, dat mij toevertrouwd is."

Paulus drong er bij Timotheüs op aan ervoor te zorgen dat de mensen met een gezonde leer op de goede weg zouden blijven en binnen de parameters van Gods Woord zouden blijven. Ook nu nog beweren, net als voorheen, mensen een openbaring van God te hebben die standaard begint met: "De Here heeft tot mij gesproken," maar waarbij deze zogenaamde openbaring niet overeenkomt met de Schrift. Elke echte openbaring van de Verlosser moet overeenkomen met wat al beschreven staat in Gods geopenbaarde Woord. Geen enkel inzicht dat echt van God komt, zal tegen het geschreven Woord in gaan. Galaten 1:8 vertelt ons dat niemand, zelfs een engel niet, mag worden toegestaan om enig ander evangelie te verkondigen dan het evangelie dat Paulus rechtstreeks vanuit het Woord predikte. Als dat gebeurt, moet hij vervloekt worden. Dit was zo'n belangrijk punt dat de apostel het tot twee keer toe zei: "Maar zelfs als wij, of een engel uit de hemel, u een evangelie zouden verkondigen, anders dan wat wij u verkondigd hebben, die zij vervloekt. Zoals wij al eerder gezegd hebben, zo zeg ik ook nu weer: Als iemand u een evangelie verkondigt anders dan wat u ontvangen hebt, die zij vervloekt." *Als er een engel in een droom aan ons is verschenen is, is het onze verantwoordelijkheid om alles wat hij zegt te vergelijken met de Schrift. Als die twee niet overeenkomen, moeten we ons elke keer aan de Bijbel houden. God zal nooit iemand opdracht geven iets te doen of te zeggen dat in strijd is met het Woord.* Dat is een ding wat zeker is.

De profeet Ezechiël bestraft misleidende herders en schrijft over hoe God Zichzelf aan Zijn kudde toewijdt:

"Het woord van de HEERE kwam tot mij: Mensenkind, profeteer tegen de herders van Israël, profeteer, en zeg tegen hen, tegen die herders: Zo zegt de Heere HEERE: Wee de herders van Israël die zichzelf weiden! Moeten de herders niet de schapen weiden? U eet het beste op en u kleedt u met de wol; u slacht het vetgemeste, maar de schapen weidt u niet. Het zwakke versterkt u niet, het zieke geneest u niet, het gebrokene verbindt u niet, het afgedwaalde brengt u niet terug en het verlorene zoekt u niet, maar u heerst met geweld en met harde hand over hen. Ze zijn overal verspreid, zonder herder, en ze zijn alle dieren van het veld tot voedsel geworden: ze zijn verspreid. Mijn schapen dwalen rond op alle bergen en op elke hoge heuvel. Over heel het aardoppervlak zijn Mijn schapen verspreid. Er is niemand die naar ze vraagt, en niemand die ze zoekt. Daarom, herders, hoor het woord van de HEERE! Zo waar Ik leef, spreekt de Heere HEERE, voorwaar, omdat Mijn schapen tot een prooi geworden zijn en Mijn schapen voor alle dieren van het veld tot voedsel geworden zijn, omdat er geen herder is, en Mijn herders niet naar Mijn schapen gevraagd hebben, maar de herders zichzelf geweid hebben, en Mijn schapen niet geweid hebben: Daarom, herders, hoor het woord van de HEERE! Zo zegt de Heere HEERE: Zie, Ik zál die herders! Ik eis Mijn schapen op uit hun hand, en doe hen ophouden met het weiden van de schapen. Die herders zullen zichzelf niet meer weiden en Ik zal Mijn schapen uit hun mond redden, zodat ze hun niet meer tot voedsel zijn" (34:1-10).

God zegt dat de tijd voor Hem is aangebroken om de boel om te keren. Genoeg is genoeg! Deze hebzuchtige leiders hebben hun brood verdiend door Gods volk te verslinden, het beste van het vet en de wol te nemen en hen met niets achter te laten. En dit alles doen ze terwijl ze om nog meer vragen!

Hoe zal God dat allemaal omkeren? Door ervoor te zorgen dat zijn mensen zulke leraren ontvluchten. Hij zal zijn kudde vrij maken van het ondersteunen van dergelijke leraren door te zorgen dat degenen die hen ondersteunen niet langer meer in staat zijn financieel te geven. Ezechiël zegt:

> "Het woord van de HEERE kwam tot mij: Mensenkind, profeteer tegen de profeten van Israël die profeteren, en zeg tegen hen die naar eigen inzicht profeteren: Hoor het woord van de HEERE! Zo zegt de Heere HEERE: Wee de dwaze profeten die hun eigen geest volgen zonder iets te hebben gezien! Als vossen tussen de puinhopen zijn uw profeten geworden, Israël: U bent niet in de bressen geklommen, en voor het huis van Israël wierp u geen muur op om op de dag van de HEERE staande te blijven in de strijd. Zij schouwen valse visioenen en leugenachtige waarzeggerij, zij die zeggen: De HEERE spreekt. Hoewel de HEERE hen niet gezonden heeft, verwachten zij dat het woord zal uitkomen! Ziet u dan geen vals visioen, en spreekt u geen leugenachtige waarzegging uit door te zeggen: De HEERE spreekt,

hoewel Ík niet gesproken heb? Daarom, zo zegt de Heere HEERE: Omdat u valse dingen spreekt en leugen schouwt, daarom: Zie, Ik zál u, spreekt de Heere HEERE. Mijn hand zal tegen de profeten zijn die valse visioenen zien en leugen waarzeggen. Zij zullen niet tot de kring van Mijn volk behoren, zij worden niet ingeschreven in het register van het huis van Israël, en komen niet in het land van Israël. Dan zult u weten dat Ik de Heere HEERE ben. Daarom, ja, omdat zij Mijn volk misleid hebben door te zeggen: Vrede, hoewel er geen vrede is...Daarom, zo zegt de Heere HEERE: In Mijn grimmigheid zal Ik een stormwind doen losbarsten, in Mijn toorn zal er een alles wegspoelende regen komen, en hagelstenen in grimmigheid, tot een vernietigend einde. Omdat u het hart van de rechtvaardige bedroeft met leugen, terwijl Ik hem Zelf geen smart heb aangedaan, en omdat u de goddeloze aangemoedigd hebt, zodat hij zich niet bekeert van zijn kwade weg, zodat Ik hem in het leven behoud, daarom zult u geen valse visioenen meer zien en niet langer waarzeggerij plegen. Ik zal Mijn volk uit uw hand redden. Dan zult u weten dat Ik de HEERE ben" (13:1-10, 13, 22).

Het is duidelijk dat God profetie zeer serieus neemt, en datzelfde geldt voor degenen die beweren namens Hem te spreken. Als een voorganger of leraar met iets naar voren komt dat in strijd is met Gods Woord, of consequent dingen profeteert die niet uitkomen, moeten we het stof van onze schoenen schudden en hen achterlaten. Dit is niet van God.

Zo zal God ook niet van gedachten veranderen en ons voorstellen dit jaar iets te doen wat Hij ons vorig jaar nog verboden heeft. Iedereen die een droom heeft die tegengesteld is aan wat de Schrift zegt om wel of niet te doen, kan er zeker van zijn dat God daar niet achter zit.

Als kerkleiders beginnen af te dwalen, doen ze vaak twijfelachtige dingen die eerder nooit hun goedkeuring zouden hebben gehad. Misschien prediken ze nu positief over iets waar ze eerder juist tegen predikten. Dat is bijvoorbeeld het geval met veel leiders die affaires hebben gehad met andere vrouwen in de kerk, of die van hun vrouw zijn gescheiden om te trouwen met iemand die jonger is of hun valse leer ondersteunt. Ze kunnen zich verontschuldigen door te zeggen: "De Here sprak tot mij," "God zei dat het geen probleem was" of "God kent mijn hart." Maar laat u niet misleiden door dit soort mannen; hoe gerespecteerd ze ook zijn of hoe groot of succesvol hun bedieningen ook lijken te zijn. Deze dingen zijn een gruwel voor de Heer, en het wordt tijd dat diegenen die God werkelijk willen dienen, verder gaan.

Sommige leiders passen het Woord aan, zodat het aansluit bij de houding en vooroordelen van mensen. Ze hebben echter het recht niet om de leer van de Schrift af te zwakken of te veranderen. Echte geestelijke leiders zouden zich juist niet bezig moeten houden met de mening van hen die de gezonde leer niet verdragen. We moeten Gods Woord blijven prediken binnen de context waarin het geschreven is, en dat moeten we doen aan iedereen die oren heeft om te horen. De Bijbel afzwakken is de mensen boven God stellen, wat niet anders is dan het plaatsen van afgoden om hen te aanbidden. De eerste van de tien geboden zegt: "U zult geen andere goden voor Mijn aangezicht hebben" (Ex. 20:3).

Gods normen veranderen nooit. Hij is geen pragmaticus en ook geen situationele ethicus. Zijn handelen is niet afhankelijk van de omstandigheden. Zij die van zulke dingen uitgaan, geloven dat als ze ergens met hun verstand niet bij kunnen, of als ze er niet verder over na willen denken, ze het ofwel verkeerd begrepen hebben of dat het niet van God kan zijn. Ze gaan ervan uit dat wanneer iets niet past bij het beeld dat ze zelf hebben van dingen of hun persoonlijke mening over dingen, het niet van God kan zijn. Dit is volledig onjuist en kan niet verder van de waarheid afstaan. God eist onze gehoorzaamheid, of we het nu ergens mee eens zijn of niet.

Deuteronomium 4:1-2 luidt:

> "Nu dan, Israël, luister naar de verordeningen en de bepalingen die ik u leer te doen; opdat u leeft en u het land dat de HEERE, de God van uw vaderen, u geeft, binnengaat en in bezit neemt. U mag aan het woord dat ik u gebied, niets toevoegen en er ook niets van afdoen, opdat u de geboden van de HEERE, uw God, die ik u gebied, in acht neemt."

Deze Bijbeltekst kan worden ondersteund met Spreuken 30:5, die luidt: "Ieder woord van God is gelouterd, Hij is een schild voor hen die tot Hem de toevlucht nemen. Voeg niets toe aan Zijn woorden, anders zal Hij u straffen, omdat u een leugenaar zou blijken te zijn."

Bijbelteksten moeten worden ondersteund door andere Bijbelteksten, wat betekent dat we nooit een leerstelling op basis van één enkel vers moeten bouwen. Zo kunnen we ook niet zeggen wat we maar willen en dan bidden dat God ons steunt. We kunnen niet van de Heer verwachten dat Hij ons steunt en ons geeft wat we willen als we ingaan tegen wat Hij allang bepaald heeft. Dat zal gewoon nooit gebeuren.

Bijvoorbeeld, sommige kerkleiders verontschuldigen zich voor hun zonden door te zeggen dat een "generatievloek" hen gebonden houdt, waardoor ze geen andere keus hebben. Ze verschuilen zich achter de leer van overgeërfde schuld. Maar Ezechiël 18:4 zegt: "De mens die zondigt, die zal sterven." Zo eenvoudig is het. Er is geen excuus voor zonde als God heeft aangeboden om ons vrij te maken om rechtvaardig te leven.

Als we zondigen - om welke reden dan ook – worden alleen wijzelf beoordeeld, niet onze ouders of voorvaderen. De waarheid is dat boeken van auteurs die een excuus bedenken voor de zonde vanwege generatievloeken, geld opleveren. Onverschillige lezers kopen die boeken en gaan zo mee in het verkeerde argument. Maar als een arts zou zeggen dat we een hoge bloeddruk hebben, wat erfelijk kan zijn, zouden we proberen van het probleem af te komen en niet de schuld neerleggen bij erfelijkheid. *Waarom zouden we wél meegaan in de gedachte van een erfelijke zonde, maar weigeren we een erfelijke ziekte te accepteren?*

Het probleem met ketterij - een eigenzinnige mening die de plaats inneemt van een absolute waarheid - is niet dat mensen het hele evangelie verwerpen, maar dat ze daaruit selectief kiezen wat ze willen geloven en dan de rest verwerpen. Dit is gevaarlijk terrein, net als lopen op dun ijs. Hoe lang duurt het voor het ijs breekt en je verdrinkt? God vereist dat we alles of niets geloven. Er zijn absoluut geen grijze gebieden. Of we nemen Hem op zijn Woord, of we doen het niet. Helaas is dit exact de manier waarop sommige leraren onderwijzen; ze pikken eruit en kiezen wat ze zullen geloven.

In het geval van generatievloeken (wat overigens tegenwoordig in sommige kringen een van de meest populaire boodschappen is), zouden voorgangers de waarheid moeten onderwijzen dat redding elke erfelijke straf doorbreekt. En hoewel we misschien geestelijke zwakheden hebben die blijven bestaan nadat bepaalde vloeken zijn verbroken, hebben we bovennatuurlijke kracht (de Heilige Geest) om zulke verleidingen te weerstaan. Het belangrijkste punt is dat we verantwoordelijk zijn voor de keuzes die we maken, en als we zondigen, moeten we dat belijden, ons bekeren en de andere kant op gaan. God is een God die vergeeft, maar dit betekent nog niet dat we toestemming of een excuus hebben om door te gaan met zondigen. Paulus was duidelijk over het feit dat gerechtvaardigd zijn niemand een vrijkaart geeft om de moraal te verlaten: "Wat dan? Zullen wij zondigen omdat wij niet onder de wet maar onder de genade zijn? Volstrekt niet!" (Rom. 6:15).

Het is waar dat God Ezechiël vertelde dat er consequenties waren die we mogelijk moesten ondergaan vanwege de zonden van onze ouders, maar dat betekent niet dat we in dezelfde zonde hoeven te vervallen. Het is zelfs zo dat als we zondigen op dezelfde manier als onze ouders deden, we verantwoordelijkheid moeten nemen voor ons gedrag, want de Bijbel zegt dat God ons zal oordelen voor wat *wij* in het vlees hebben gedaan.

HOOFDSTUK 12

DE WAARHEID OVER HET WELVAARTSEVANGELIE

IN DE TIJD VAN HET NIEUWE TESTAMENT GELOOFDEN bijna alle mensen in de Joodse gemeenschap dat de Schriftgeleerden en farizeeën gelijk hadden, dat wil zeggen totdat Jezus opdook en dit tegensprak. Waarom heeft Jezus de dwaling van de farizeeën niet veel eerder aan de kaak gesteld? Het antwoord is dat God nooit zal blootleggen wat er mis is, voordat Hij het met iets goeds kan vervangen (een ware herder). Maar weet dit, als de Heer Zijn licht erop laat schijnen en dwaling aan het licht brengt, wordt het hoog tijd om dingen te veranderen.

Toen Jezus in Israël ten tonele verscheen, keerde Hij alles ondersteboven. Hij zette de status quo op zijn kop met een nieuwe waarheid om daarmee de oude leugen te vervangen. Hij leerde Zijn discipelen en de mensen die Hem volgden een nieuwe manier van leven. Hij leerde ze ook hoe ze het oude systeem moesten vervangen. Het is bemoedigend te weten dat God ons nooit zonder leiderschap in de steek laat. Maar in dit geval bleef het nieuwe leiderschap undercover totdat het de juiste tijd was om geopenbaard te worden.

In het evangelie van Mattheüs deed Jezus een uitspraak die gemakkelijk verkeerd begrepen kan worden. Hij zei: "Want Ik zeg u: Als uw gerechtigheid niet overvloediger is dan die van de Schriftgeleerden en de farizeeën, zult u het Koninkrijk der hemelen beslist niet binnengaan" (5:20). Wat bedoelde Hij daarmee? Hij bedoelde dat, hoewel de farizeeën en Schriftgeleerden leidinggevende posities bekleedden, hun gerechtigheid nog steeds als een bezoedeld kleed was – net als bij ieder ander. In wezen zei Hij dat hun leiderschap of geveinsde gerechtigheid hen niet in de hemel zouden brengen, maar wel een zuiver hart, dat ze niet hadden. Het moge duidelijk zijn dat Jezus behoorlijk inging tegen de algemeen heersende opinie in zijn tijd, en nog steeds doet Hij dat.

In onze tijd wordt de algemene opinie ook wel het "welvaartsevangelie" genoemd. En hoewel we dit al eens genoemd hebben, is het belangrijk om dit denken in perspectief te plaatsen. Het evangelie van de welvaart is een evangelie van gezondheid en rijkdom, want het houdt in dat degenen die ruimhartig geven, een financiële beloning kunnen verwachten. Het betekent ook dat God in feite wil dat iedereen rijk is. Het enige wat men hoeft te doen is grote rijkdom voor zichzelf opeisen. Het rondgaan en dingen claimen in Jezus 'naam, is hetzelfde als iemand die over een konijnenpoot wrijft of een magische bezwering uitspreekt. Sommige mensen noemen dit de "Name-It-and-Claim-It" beweging. Je spreekt het gewoon uit, en dan eis je het op in de naam van Christus. Maar als er al enige overeenkomst is tussen het welvaartsevangelie of het 'name-it-and-claim it'-evangelie en het werkelijke Woord van God is dat slechts toeval.

In veel gevallen in de Bijbel leed Gods volk armoede, of had het in ieder geval te maken met de normale financiële ups en downs die voorkomen in de omstandigheden die het leven met zich meebrengt. Zelfs Paulus zei dat hij tevreden was, in wat voor situatie hij ook zat. Hij zei: "Ik weet wat het is vernederd te worden, ik weet ook wat het is overvloed te hebben; in elk opzicht en in alles ben ik ingewijd, zowel in verzadigd te zijn als in honger te lijden, zowel in overvloed te hebben als in gebrek te lijden" (Fil. 4:12).

Het welvaartsevangelie is ketterij. Zulke dingen zijn niet van God, en ze hebben niets met echt geloof te maken. Echt geloof is zo goed als de persoon op wie het rust - en het moet op Jezus Christus rusten, niet op iemands zorg voor hun eigen welzijn.

Natuurlijk is het waar dat de Schrift ons opdraagt om te bidden voor de genezing van de zieken en in geloof te bidden voor wat we nodig hebben, maar als onze motieven niet goed zijn en als we dit alleen maar willen om onze eigen verlangens te vervullen, gaan we de verkeerde kant op en mogen we niet verwachten dat God het goedkeurt. Als we dat wel verwachten, veranderen we dat wat God oorspronkelijk met geloof bedoeld heeft, in een afgodsbeeld dat we aanbidden; dat is niet anders dan het gouden kalf van de Israëlieten.

Deze 'name-it-and-claim-it'-filosofie begon oorspronkelijk als een afwijking van wat God over geloof had gezegd. Echter, na verloop van tijd gleed het nog verder af, naar een steeds ruimere interpretatie van de waarheid, totdat het een regelrechte ketterij werd. Gaandeweg slopen ook New Age-doctrines (rare alternatieve benaderingen van spiritualiteit) naar binnen, totdat het uiteindelijk geen gelijkenis meer vertoonde met de Christelijke leer of met wat reeds door God over geloof geopenbaard was.

Een van de leerstellingen waaruit de welvaartsevangeliefraude bestaat, noemt men *positieve belijdenis*. Dit vereist eigenlijk dat we de waarheid van wat er gebeurt, ontkennen. Bijvoorbeeld: "Heeft u een zwak gezichtsvermogen en moet u een bril dragen? Wil je van je bril af? Spreek dan gewoon positief uit dat je genezen bent en dat je nu een 20/20 visie hebt. Als het niet meteen lijkt dat je perfect zicht hebt, is dat een truc van Satan, die je probeert te overtuigen dat je niet genezen bent. Gebruik gewoon positieve belijdenis."

Als gelovigen moeten we beseffen dat waar geloof feiten nooit ontkent. Geloof behandelt de feiten zoals ze in werkelijkheid zijn en onderwerpt hen aan God, die er dan iets mee kan doen om het te veranderen, als dat Zijn wil is. Alles wat we geloven, moet de wil van God en de verhoging van Jezus Christus centraal stellen. Om echt de Zijne te zijn, moeten we ons hart onderwerpen, dienstknechten van God worden en erop vertrouwen dat Hij elk detail van ons leven uitwerkt. Zeker, we moeten de Heer vragen wat we nodig hebben, maar wel met een nederig hart, zonder eisen te stellen aan wat, wanneer en hoe we het willen. Als we dingen eisen en die eisen 'geloof' noemen, kan ik met een gerust hart zeggen dat we ons hart moeten onderzoeken om te zien of we echt bij Jezus horen.

Als wij, als gelovigen, om wijsheid vragen als het gaat om onze fysieke behoeften, kunnen we ertoe worden gebracht de zorg van een arts te zoeken in plaats van wonderbaarlijke genezing. Alleen God weet waarom dit zo zou zijn - misschien zal Hij onze getuigenis op de een of andere manier gebruiken om mensen te bedienen.

De 'vader' van de Word of Faith-beweging was Kenneth Hagin, een invloedrijke pinksterprediker. Na het horen van zijn charismatische leer, sloten velen zich hier snel bij aan en begonnen zo'n zelfde boodschap verkondigen. Echter, na verloop van tijd schreef Hagin in zijn laatste boek, '*The Midas Touch*', dat hij besefte dat de stem van de Heilige Geest hem bestrafte, omdat hij zo'n regelrechte dwaling leerde. Gehoorzaam ging hij naar zijn volgelingen - leiders van de beweging - en bekende zijn fout, maar zijn bekentenis werd door velen afgewezen. De overgrote meerderheid van de mensen in de buitensporige Word of Faith-beweging wilde niet stoppen met het prediken en onderwijzen van de leerstellingen die Hagin hen had geleerd. Zoals vaak het geval is, had het puur met geld te maken. Het welvaartsevangelie dat door Hagin en zijn menigte werd onderwezen, voorzag degenen die het predikten van veel geld, weelderige levensstijlen en privévliegtuigen.

Als we de Schrift werkelijk bestuderen, zien we dat het evangelie nooit belooft dat we allemaal rijk zullen zijn. Er zijn in elke sociaaleconomische groep altijd mensen geweest die de Heer liefhadden. De Bijbel zegt zelfs dat de armen altijd bij ons zullen zijn. Hoe kunnen ze dan met een goed geweten prediken dat God ons allemaal grote rijkdom zal geven?

Het probleem zit hem erin hoe we het woord *rijk* definiëren. In menselijke termen betekent het dat iemand zoveel geld heeft dat iemand kan kopen wat hij wil zonder de kosten af te wegen. In Gods koninkrijk heeft de term *rijk* echter een breed scala aan andere betekenissen. Het betekent gezegend zijn in geloof, vrienden, geliefden en een overvloed hebben aan wijsheid en kennis van God. Vaak betekent het woord vanuit Gods standpunt alles *behalve* geld, deels omdat Hij weet dat geld onze relatie met Hem totaal kan vernietigen. Dit is vaak het geval.

Sommige gelovigen hebben de gave van het geven (Rom. 12:8). Ze hebben altijd wat ze nodig hebben en houden over om te geven om de prediking van het evangelie te bevorderen. Sommigen zullen precies hebben wat ze nodig hebben, en niet meer. Anderen zullen nauwelijks genoeg hebben om in hun behoeften te voorzien. Omdat God ons geen materiële rijkdom heeft beloofd, moeten we geen risico's nemen met de middelen die we hebben door te investeren in plannen om snel rijk te worden en twijfelachtige multi-level marketing programma's, zelfs als ze gepromoot worden door de kerk. *Ze zijn nooit legitiem.* Van piramidespelen (multi-level marketing of Ponzi-oplichterij) profiteren alleen de mensen aan de top. De rest wordt bedrogen en verliest bijna altijd het grootste deel, zo niet alles, van zijn investering.

Deze plannen zouden ons nooit aanspreken als we niet op zijn minst een beetje hebzuchtig waren. Hetzelfde kan gezegd worden over het welvaartsevangelie. Uiteindelijk, als we ons elk uur dat we wakker zijn bezig houden met vergaren van rijkdom, rooft dat ons van onze tijd en aandacht voor God, en dat is op zichzelf al voldoende reden om zo'n 'proclameer-en-grijp-het'-leer te weigeren (Spr. 15:27).

Het Amerikaanse Evangelie versus het Evangelie van Christus

Hoewel God ware leiders doet opstaan die corruptie in de kerk aan de kaak stellen en mensen bevrijden van verkeerd onderwijs, zullen veel volgelingen van valse leraren beledigd raken dat iemand aan hun afgoden komt. Naast Washington D.C. is de kerk de enige andere plaats waar wetsovertreders zich kunnen verbergen en beschermd kunnen worden. Alleen op deze twee plaatsen kunnen leiders misdadige operaties uitvoeren terwijl de mensen hen toejuichen. Maar het is tijd om de feiten onder ogen te zien dat deze leiders dieven en oplichters zijn. Het zijn wolven die erin geoefend zijn om hun plannen zo realistisch mogelijk te maken.

Neem bijvoorbeeld het Ponzi-scheme. Hier staat één persoon bovenaan en onder deze persoon zitten meerdere investeerders. De top drie of vier van beleggers beweren dat hun portefeuilles verdrievoudigd zijn. Die beweringen worden echter gedaan om het schema geloofwaardigheid te geven, zodat ze anderen kunnen misleiden om zich ook aan te melden. Als niemand zou opscheppen over dat hij of zij een grote financiële meevaller had gekregen, zou er niemand anders meedoen en zou het hele plan vervallen. Houd dit voor ogen: *pas op voor leiders die hun invloed gebruiken om investeringsmogelijkheden onder hun volgers te promoten. Deze situaties blijken zelden winstgevend voor de mensen; Meestal zal alleen de leider er iets van terug zien, en dat komt omdat hij gebruik gemaakt heeft van zijn autoriteit, 'succesverhalen' van anderen en valse profetische beloften die openlijk werden uitgesproken om anderen te overtuigen zich bij hem aan te sluiten.* Dit is vergelijkbaar met regelingen in de kerk van vandaag, waarbij de leiders de enigen zijn die een getuigenis lijken te hebben. Ze scheppen op over de zegeningen waarvan ze beweren dat ze het resultaat zijn van hun opofferingen en hun zakelijke investeringen. Ze hopen dat ze geld kunnen incasseren van leden die diezelfde zegeningen willen.

Als iets de waarheid is, zou het in zijn algemeenheid voor iedereen moeten werken. Als iets maar voor één of twee mensen werkt, is het niet de waarheid; dan is het niet het evangelie van Jezus Christus. Het probleem is dat we het Amerikaanse evangelie van hebzucht hebben verward met het evangelie van Jezus. De Jezus die gepredikt wordt op South Beach in Miami, Florida, zou dezelfde Jezus moeten zijn die gepredikt wordt in de oerwouden van Afrika. De ware boodschap van het evangelie verandert nooit.

In andere landen kan het Amerikaanse evangelie niet worden gepredikt, omdat het leert dat Gods liefde en goedkeuring alleen kan worden gemeten aan de hand van de omvang van iemands materiële bezittingen. Dat werkt nergens anders. Het Amerikaanse evangelie zegt dat je pas gered kan worden als je een bepaald niveau van succes en rijkdom hebt. Maar dat is niet het evangelie van Jezus Christus! Hoe kan dat het ware evangelie zijn als er mensen in andere landen zijn die van Jezus houden, maar op onverharde vloeren slapen en nauwelijks genoeg te eten hebben?

Het Amerikaanse evangelie verandert, zoals je je misschien kunt indenken, voortdurend, afhankelijk van hoe de wind waait. Jaren geleden hoorden we dat we niet gezegend waren als we in een appartement woonden, omdat God wilde dat iedereen een huis had. Er is niets mis met het bezitten van een huis, maar een dergelijk eigendom is niet voor iedereen weggelegd; daarom is het verkeerd om er een leerstelling van te maken. Maar onverstandige mensen, zonder geestelijk inzicht, zullen zeven keer rond een huis lopen, olie gooien en een eigendom claimen "In Jezus 'naam" met een kredietscore van 500. Zulke mensen zijn duidelijk niet in staat om een huis te bezitten omdat ze niet geleerd om verstandig met hun financiën om te gaan.

Mensen gaan door seizoenen van het leven, en soms groeien ze nog en zijn ze nog niet wijs genoeg voor bepaalde dingen. Wie geeft hun kind een auto, alleen omdat hij of zij er een vraagt? Evenzo geeft God ons ook niet alles wat we vragen. Er zijn enkele dingen die we verlangen waarvoor we geestelijk gezien niet volwassen genoeg zijn. En toch heeft de welvaartsbeweging een leerstelling gemaakt van iets dat God nooit op die manier bedoeld heeft. En vanwege zo'n destructieve leerstelling raken velen die hierdoor hun dure huizen niet konden betalen, ze nu kwijt door executie.

Het is niet verrassend dat het onderwijs nu weer veranderd is en dat een huis bezitten nu niet meer voldoende is. Om echt gezegend te zijn, moeten onze huizen ook afbetaald zijn. En hoewel er in principe niets mis is met schuldenvrij willen zijn, heeft de huurling een bijbedoeling met het prediken hierover. En weer gaat het om hebzucht. Hij weet dat iedereen die een huis bezit, schuldenvrij wil zijn van zijn hypotheek, en dat ze meer aan zijn bediening kunnen geven als ze hun hypotheek niet meer hoeven te betalen.

Onlangs hebben sommige huurlingen mensen aangemoedigd om grote sommen geld te geven als 'zaaigeld' als ze God om een huis vroegen of als ze vroegen om hun huis uit de executie te halen. De mensen moeten op de envelop het woord 'huis' schrijven en deze dan op het altaar leggen. En raad eens waar dat geld naartoe gaat? Het is zelfs mogelijk dat ze een bekende 'profeet' uitnodigen om te bevestigen dat u binnen negentig dagen een huis zult hebben. Deze profeet geeft geloofwaardigheid aan het woord van de huurling (dat niet Gods woord is).

Maar dit is voor de huurling nog niet genoeg. Als we schuldenvrij willen zijn, moeten we nog meer geld zaaien. Het is een spel dat steeds verder gaat, waarbij de regels steeds aangepast worden, zodat de begerige leider rijk kan worden.

Aansprakelijkheid van Leiders

Het is verbluffend zoveel mensen te zien die denken dat ze God dienen terwijl ze onder de leer van een oneerlijke huurling zitten. Een van de redenen waarom dergelijk gedrag in de kerk door kan gaan, is omdat we onze leiders niet verantwoordelijk hebben gehouden of niet eisen dat ze gezonde leer onderwijzen. De lijst met oneerlijke huurlingen zou erg lang worden, en hetzelfde geldt voor frauduleuze herders die in hun hebzucht vast zijn komen te zitten en daarna de bediening ontvlucht zijn.

De trieste waarheid is dat we, omdat we genoegen hebben genomen met halfzachte preken, die ons vermaken, maar ons niet uitdagen, geen goede basis hebben om van daaruit te handelen. Weinigen praten meer over heiligheid, hemel, hel of het bloed van Christus. Dergelijke onderwerpen vinden we niet leuk. Als we niet getraind zijn in het Woord, kunnen we op geen enkele manier onderscheiden of een boodschap van God of van de duivel komt.

Velen van ons geloven dat voor onderscheidingsvermogen het genoeg is om de Heilige Geest te hebben. Maar bedenk dat ons hart en onze geest boven alles arglistig en wanhopig slecht zijn (Jer. 17:9). Dit maakt het essentieel dat we onze geest voortdurend vernieuwen om op één lijn te komen met het hart van God.

De instructies van Paulus in 2 Timotheüs 2:15 leren ons: "Beijver u om uzelf welbeproefd voor God te stellen, als een arbeider die zich niet hoeft te schamen en die het Woord van de waarheid recht snijdt." Dit houdt in dat als we onszelf niet aan God presenteren als arbeiders die de Schrift recht snijden, we er beschaamd, in verlegenheid gebracht, leeg en bedrogen uit zullen komen. We zullen eenvoudigweg niet bovenaan staan.

Binnenkort komt de dag dat God alle oppervlakkige dingen zal wegnemen (gigantische koren, grote orkesten en al het overige amusement) en uiteindelijk zullen we de waarheid onder ogen moeten zien - onze leiders hebben heel weinig gedaan om ons voor te bereiden om Hem te ontmoeten. *Schokkend!* We zullen de waarheid onder ogen moeten zien, hoewel weinigen daartoe bereid zullen zijn. De reden dat sommigen deze waarheid niet aankunnen, is, omdat we te trots zijn om te accepteren dat wij en onze leiders fout zaten. De waarheid vraagt om een reactie. Als het eenmaal is onthuld, moeten we toegeven dat we fout zitten en moeten we van richting veranderen.

Wat zullen we doen als God eenmaal het licht aandoet en de waarheid aan het licht brengt en we kunnen zien dat we het bij het verkeerde eind hebben gehad? Zullen we ons erin verheugen dat de Heer ons nog een kans heeft gegeven om te veranderen, of zullen we verlamd zijn door schaamte en schuld? Zullen we koppig worden en weerstand bieden om onze ongezonde leer achter ons te laten? Of zullen we opgewonden uitroepen: "Eén ding weet ik, dat ik blind was en nu zie!" (Joh. 9:25). Als we begrijpen dat we in onze zonden hadden kunnen sterven, maar dat God genade gegeven heeft, zou dat ons ertoe moeten brengen dat we opspringen van vreugde en de Heer, onze Heiland, prijzen!

De realiteit van het welvaartsevangelie is dat het niet waar is. Als we niet eisen dat leraren ons de waarheid leren en als we niet studeren om ons welbeproefd voor God te stellen, gaan we overal in mee. Hoe onze leiders zich horen te gedragen, zien we in de eerste brief van Petrus:

> "De ouderlingen onder u roep ik ertoe op, als medeouderling en getuige van het lijden van Christus en deelgenoot van de heerlijkheid die geopenbaard zal worden: Hoed de kudde van God die bij u is en houd daar toezicht op, niet gedwongen, maar vrijwillig; niet uit winstbejag, maar bereidwillig; ook niet als mensen die heerschappij voeren over het erfdeel van de Heere, maar als mensen die voorbeelden voor de kudde geworden zijn" (5:1-3).

Vers twee beschrijft huurlingen, maar het derde vers gaat over dictators, die we hierna zullen bespreken. Petrus zegt tegen herders dat ze er zeker van moeten zijn dat ze niet leiden vanwege de verleiding tot oneerlijk gewin - geld. Zoals het evangelie van Mattheüs duidelijk laat zien, zal een ware herder met ontferming bewogen zijn over zijn schapen:

> "En Jezus trok rond in al de steden en dorpen en gaf onderwijs in hun synagogen, en Hij predikte het Evangelie van het Koninkrijk en genas iedere ziekte en elke kwaal onder het volk. Toen Hij de menigte zag, was Hij innerlijk met ontferming bewogen over hen, omdat zij vermoeid en verstrooid waren, zoals schapen die geen herder hebben. Toen zei Hij tegen Zijn discipelen: De oogst is wel groot, maar er zijn weinig arbeiders. Bid daarom tot de Heere van de oogst dat Hij arbeiders in Zijn oogst uitzendt" (9:35-38).

Jezus was bedroefd omdat Hij met ontferming bewogen was over met de menigte. Let op vers 36 in de Basisbijbel:

> "Toen Hij de grote groepen mensen zag, had Hij heel veel medelijden met hen. Want ze waren moe en hulpeloos, zoals schapen die geen herder hebben."

Deze mensen hadden geestelijk leiderschap, maar het was slecht leiderschap. Uiteindelijk raakten ze daardoor geïntimideerd, bedroefd, verward en hulpeloos. Dat is wat gevaarlijke leraren doen, en als we hen volgen, zullen we vroeg of laat zover heen zijn dat wij lijden en zeggen: "God, dit kan niet van U zijn." We zullen beroofd worden van onze kracht, onze motivatie en onze passie voor God.

Dan zullen we ons afvragen: "Waarom staat Hij toe dat zulke dingen in Zijn huis gebeuren?" Maar God is hier niet de schuldige. Laat dit een wake-up call zijn voor degenen onder ons die luisteren.

Een duidelijk teken of we door zulke leiders geïntimideerd worden, is wanneer we bang zijn om naar de kerk te gaan. Het is al erg genoeg als we onze dagelijkse problemen het hoofd moeten bieden, maar het is nog erger om op zondag met een on-Bijbelse leraar te worden geconfronteerd. In het begin kunnen we nog omgaan met de stress en ruzie in de kerk, totdat we er tegenop gaan zien dat er weer een zondag aan komt. Deze dingen bedroefden Jezus in zijn tijd, en ze bedroeven Hem nog steeds.

Jezus waarschuwde dat het beter voor ons zou zijn om met een molensteen om onze nek in zee geworpen te worden, dan dat we de onschuldigen laten lijden (Lukas 17:2). Deze opmerking geldt ook vandaag de dag nog. Welvaartspredikers denken misschien dat ze wegkomen met hun valse leer, omdat God er niets over zegt. Maar God zegt: "genoeg is genoeg."

Hij zal hen die leugens onderwijzen vanaf de kansel niet langer tolereren en op dit moment schudt Hij aan en oordeelt Hij over het gezin van het geloof. Zullen wij bij zo'n controle staan of vallen?

HOOFDSTUK 13

DICTATORS

Disclaimer: God heeft deze boodschap niet vrijgegeven om gemeen of wraakzuchtig te zijn. Hij geeft het vrij om zijn mensen te laten weten dat Hij er genoeg van heeft. Hij wil dat we vrij zijn, zodat we Hem in deze laatste dagen in geest en waarheid kunnen aanbidden. Om deze reden wil Hij ons toerusten; om het verschil tussen ware herders en leugenachtige leraren te kunnen onderscheiden.

Wat zijn dictators? Simpel gezegd zijn dictators leiders die verlangen dat mensen hen aanbidden. Hun agenda draait volledig om controle. Dictators komen op vanuit de kerk, nemen leiderschapsposities in en leren dingen die ervoor zorgen dat mensen niet meer naar Christus kijken, maar zich in plaats daarvan op hen gaan focussen. Aanvankelijk prediken ze wat de mensen willen horen om aan populariteit te winnen, en na verloop van tijd krijgen ze het gevoel dat ze persoonlijk het recht hebben gekregen om mensen te vertellen hoe ze moeten leven, los van wat de Heilige Geest zelf over het onderwerp te zeggen heeft. Uiteindelijk zullen ze over elk aspect van iemands leven een mening hebben, en zullen ze de schapen het gevoel geven dat ze niet in staat zijn hun eigen zaken te regelen. Ze geven ongevraagd advies, waarbij ze vaak de woorden "zouden moeten" gebruiken.

Dictators zullen zich bemoeien met de persoonlijke aangelegenheden van hun kudde wanneer het hun zaken niet zijn. Ze nemen vaak een zeer ongezonde rol op zich door advies te geven over hoe men geld kan uitgeven, met wie men moet trouwen, waar men moet wonen, met wie men wel of niet om kan gaan, hoe men zijn of haar vrije tijd kan besteden en welke functies men in de kerk moet innemen, enzovoorts, enzovoorts. Dit wil niet zeggen dat God een godvrezende voorganger geen gezonde wijsheid kan geven voor ons persoonlijke leven. De vraag is echter: is het goddelijke wijsheid?

Wanneer dictators het persoonlijke leven van hun kudde binnendringen, nemen ze de plaats in van de Heilige Geest, geven ze een verkeerd beeld van Christus en laten ze mensen vaak vertwijfeld en wanhopig achter. En wat erger is, hun slachtoffers hebben het gevoel dat God verantwoordelijk is voor wat hen is aangedaan.

Raak Mijn Gezalfde Niet Aan

Een vriend vertelde me het volgende over zijn slechte ervaring met een dictator, wiens voornaamste doel het was om met angst en valse vloeken over mensen te heersen:

> "Hij beweerde dat de enige mensen die gered werden, degenen waren die hem volgden. Overal waar hij kwam zorgde hij voor verdeeldheid en hij heeft zelfs geprobeerd om mijn huwelijk kapot te maken. Hij was vooral bedreven in het opsporen van mensen die loyaler aan hem waren dan aan hun familie, om hen vervolgens

tegen hun echtgenoten en familie op te zetten. Hij legde de nadruk op verantwoording en onderwerping aan hem, maar de enige persoon aan wie hij zich onderworpen had, was hemzelf. Volgens deze dictator stond iemand óf achter hem en zijn visie, of diegene werd gebruikt door de duivel. Zijn favoriete Schriftgedeelte was voornamelijk: "Raak Mijn gezalfden niet aan, doe Mijn profeten geen kwaad" (Ps. 105:15). Ik dank God dat Hij me de kracht en wijsheid heeft gegeven om deze valse profeet te verlaten."

Na verloop van tijd is het mogelijk dat een huurling een dictator wordt, hoewel sommige leiders huurlingen zullen blijven en daarin nooit veranderen. Sommige leiders zijn louter dictators; ze beginnen als dictators en eindigen net zo. Als een huurling niet vrijwillig krijgt wat hij wil, kan hij het gaan eisen en in een dictator veranderen. In het boek Micha hoofdstuk 3 profeteerden de profeten vrede voor degenen die hen voedden en oorlog voor degenen die dat niet deden (vs. 5). Met andere woorden, als de mensen hen overstelpten met goede dingen, profeteerden ze vleiende woorden over hun leven. Maar als ze hun niet gaven wat ze wilden, spraken de profeten vervloekingen over hen uit. Dit is precies hoe kerkdictators tegenwoordig werken. Dictators zijn gevaarlijke leiders. In hoofdstuk 34 van Ezechiël zegt de profeet dat de leiders wreedheid gebruikten om het volk te regeren. Ze verwaarloosden de schapen en regeerden hard en brutaal. Dit is hoe kerkdictators werken; ze beschadigen hun mensen altijd. Ze beheersen ze door met hun hersenen te spelen en omgekeerde psychologie te gebruiken. Ze hebben een dubbele tong en geven de mensen er altijd de schuld van als er iets misgaat. Hun slachtoffers kunnen de bediening nooit verlaten zonder hun zegen. Omgang met een dictator heeft altijd negatieve gevolgen. God is tegen deze dictators en zal hen ter verantwoording roepen.

Dienen onder een Dictator

Een vrouw vertelde me hoe het is om onder leiding te staan van een dictator:

> "Hoewel ik onder leiding van een dictator stond, wist ik het op dat moment niet. Ik wist dat er iets niet klopte; dus begon ik te bidden en aan God te vragen mijn ogen te openen zodat ik kon zien. Dit heeft mijn leven voor altijd veranderd! Ik begon zo duidelijk te zien hoe de voorganger mij gebruikte, zodat anderen dingen in de kerk gingen doen. Bijvoorbeeld, ik was net begonnen met dienen in de kerk toen de voorganger me voor het oog van iedereen op liet staan en zei dat ik vol passie was voor God, en hoewel ik net nieuw was, vond ik het niet erg om voor God te werken. U kunt zich misschien voorstellen dat dit grote jaloezie en verdeeldheid tussen mij en anderen veroorzaakte. Een tijdlang maakte ik ook deel uit van de dansgroep, maar er werd zoveel controle uitgeoefend, dat ik uiteindelijk niet meer naar de kerk ging, een enkele uitzondering daargelaten. Uiteindelijk gaf God mij een teken dat ik helemaal niet meer moest gaan, dus schreef ik een brief waarin ik zei dat ik niet meer terug zou komen, maar dat ik dankbaar was voor alles wat ik had geleerd.
>
> Zodra de voorganger de brief ontvangen had, kreeg ik een telefoontje en dat was het begin van mijn nachtmerrie. De voorganger ging in tegen mijn beslissing om te vertrekken en probeerde mij van gedachten te doen veranderen. Toen ik weer eens in de kerk was, omdat er een baby gedoopt werd, predikte zij

in het openbaar tegen mij, op zo'n manier dat iedereen wel wist dat zij het over mij had. Ze ging zelfs zo ver dat zij mij een "Woord van de Heer" gaf dat ik niet vrij was om te gaan, omdat ik haar toebehoorde. Toen vertelde zij dat als ik zonder haar bedekking zou leven, mij dood en verderf zou overkomen, en zij gaf me een sjaal ter bescherming.

Toen eenmaal de waarheid over deze dictator tot mij begon door te dringen, vertelde ik mijn vrienden en familie dat ik daar niet meer kon groeien en dat God me had vrijgelaten - en dat, als zij dat ook zo ervaarden, ze Gods aangezicht moesten zoeken en ook Hem moesten volgen. Al snel gingen ze ook weg. Het duurde niet lang voor de voorganger mij opbelde en berichten en sms'jes achterliet op mijn telefoon. Ze zei dat ik haar bediening kapot probeerde te maken en dat zij mij zou laten boeten. Ze gebruikte het gebruikelijke vers: "Raak de gezalfde van God niet aan en doe zijn profeet geen kwaad." Toen begon zij geruchten over mij en een andere persoon die de kerk verliet, te verspreiden, en zij veroorzaakte grote verdeeldheid in mijn huis en tussen mij en mijn familie. Die voorganger vervolgde en teisterde mijn leven! Het was een nachtmerrie uit de hel, en ik zou gedacht hebben dat het allemaal een droom was als ik het niet zelf had meegemaakt. Ik kan God alleen maar danken dat Hij mij gered heeft."

Hoe Herken Je een Dictator

- Dictators staan nooit toe dat mensen hun bediening met rust verlaten.

- Dictators houden ervan controle te hebben over alles en iedereen.
- Dictators gebruiken vaak vernedering om mensen in het gareel te houden.
- Dictators spreken regelmatig over Hebreeën 13:17: "Gehoorzaam uw voorgangers en wees hun onderdanig." Elke boodschap heeft op een of andere manier te maken met autoriteit en onderwerping.
- Dictators leren dat God je alleen zal zegenen als je je aan *hun* gezag onderwerpt. En hoewel het goed is om je aan God te onderwerpen, is het gevaarlijk om je aan een dictator te onderwerpen.
- Dictators tonen vriendjespolitiek in de kerk. Ze houden ervan dat mensen strijden om hun aandacht en goedkeuring. Degene die hen het beste dient, zal worden erkend en beloond, waardoor mensen in het lichaam van Christus tegen elkaar opgezet worden. Het is positief voor dictators als er strijd is in de kerk, omdat ze in het middelpunt van alle aandacht staan.
- Dictators brengen alleen tijd door met degenen die het met hen eens zijn. Ze zijn erg onzeker en voelen zich alleen veilig zolang ze de controle hebben. Ze hebben geen geduld met mensen die weigeren tegemoet te komen aan hun ego.
- Dictators worden woedend als iemand de kerk verlaat. De naam van de overtreder wordt vanaf de kansel openbaar gemaakt om de achterblijvers angst in te boezemen. Ze gaan vaak zo ver dat ze vloeken uitspreken over de 'dwalende'.

- En het ergste van alles is dat zulke leiders de mensen leren dat ze hen nodig hebben om God te kunnen horen of in het leven te kunnen slagen.
- Dictators gebruiken vaak geestesgaven om verdeeldheid te zaaien of angst in te boezemen. Ze zeggen dingen als: "God zei dat ik je moest zeggen dat als je weggaat, je zult sterven" of "God heeft je nog niet vrijgezet."
- Dictators zullen altijd verdeeldheid zaaien in huishoudens.

De Vijand laat vaak dictators in de kerk opkomen om Gods volk te manipuleren en te controleren. Maar onthoud dat God nooit een man of vrouw het gezag heeft gegeven om heerschappij over andere mensen te hebben (2 Kor. 1:24). Kijk eens naar dit citaat van Abraham Lincoln: "Bijna alle mensen kunnen tegenspoed doorstaan, maar als je het karakter van een mens wilt testen, geef hem dan macht." Hoe iemands karakter is, blijkt duidelijk uit wat iemand doet met macht. Als die macht hem verandert, is er iets in zijn karakter dat niet klopt. Leonard Ravenhill zei ooit: "Iedereen wil bekleed worden met macht, maar niemand wil van zichzelf worden ontdaan." Het van zichzelf worden ontdaan is een onbekende realiteit voor elke dictator, want de moeilijkste persoon die hij kan overwinnen is hijzelf, want dat is de laatste persoon van wie hij gelooft dat die het probleem is.

Enkele jaren geleden was er zoiets als de 'herderleer'. Dat hield in dat de schapen onder de hoede van een herder moesten staan om beschermd te worden. Dit is hoe het concept van 'bedekken' ontstaan is. Onder deze leerstelling werd het volk van God aangemoedigd om bedekking te vinden, opdat God, in zijn gerechtigheid, niet boos zou worden en hen zou doden in het oordeel over zonde. In plaats van de mensen te leren zich te bekeren en geloof in God te hebben, leerden ze dat de menselijke herder (leraar) die bedekking moest zijn. Dit gaf de leraar veel meer macht dan God ooit had bedoeld. En vaak werd die macht misbruikt.

Tegenwoordig is de leerstelling van de herder weer opgedoken in een leerstelling genaamd 'heerschappij van het koninkrijk', die het best kan worden gedefinieerd als een verkeerde interpretatie van de boodschap van het koninkrijk van God. Dit is de drijvende kracht achter veel kerkdictators. Ze gebruiken hun autoriteit en invloed om de mensen te bedreigen en te vervloeken in plaats van hen lief te hebben met de tedere, maar soms zelfs harde, liefde van God. Door zo met mensen om te gaan, moedigen ze een ongezonde onderwerping aan het leiderschap aan. In feite is deze verstikkende omgeving zo overweldigend dat mensen vaak het gevoel hebben dat ze God niet kunnen horen; ze zijn daarbij niet in staat om Gods wil te onderscheiden en controle te hebben over hun eigen geest.

Ik geloof in de plaatselijke kerk. Ik ben zelf predikant van een kerk in Miami, Florida. Maar ik heb geleerd dat er een heel fijne scheidingslijn zit tussen een echte herder en een geestelijke dictator. Veel voorgangers die het manipuleren onder de knie hebben, verbergen hun ware motivatie totdat hun slachtoffers helemaal vast zitten en zwaargewond zijn, sommigen zijn zelfs emotioneel getekend voor het leven. Een echte herder zal in liefde de waarheid spreken, maar een dictator heeft maar één doel: controle. Een goede herder zal beschermen zonder dwang en leiden zonder overheersing.

De acties van dictators hebben in grote mate invloed op personen, en wat voor persoonlijkheid die persoon heeft, lijkt weinig uit te maken. Omdat bepaalde leringen doorgedrongen zijn tot in hun denken en geest, voelen veel mensen zich machteloos om onder de heerschappij van de dictator uit te komen, omdat ze geloven dat de leraar aan God gelijk is en denken dat God boos zal worden als ze proberen te ontsnappen. En hoewel ze tot de conclusie kunnen komen dat wat ze leren verkeerd is, zijn ze zo door angst verlamd dat ze niet weg durven te gaan.

In feite is onzekerheid de onderliggende emotie die een dictator motiveert. Er wordt gezegd dat zelfs Adolf Hitler gedreven werd door angst en twijfel. Dictators worstelen diep met afwijzing; dit is een van de redenen waarom ze elke omstandigheid onder controle willen houden. Hun hele zelfbeeld berust op de aanbidding en bewondering van hun volgelingen, en elke poging van mensen om uit hun klauwen te ontsnappen, wekt woede in hen op. Noteer dit: elke dictator lijdt aan een narcistische persoonlijkheidsstoornis. Ze benadrukken en eisen loyaliteit, maar zijn toch niet in staat om loyaliteit te beantwoorden, omdat ze bloeden, gewond geraakt door hun onzekerheid. Hun diepe onzekerheidsdilemma is de reden dat ze zich omringen met mensen die incompetent zijn en worstelen met identiteitsproblemen; want de dictator weet dat dit soort mensen 'grote loyaliteit' aan hem zullen tonen, omdat hij degene was die hen het gevoel gaf dat ze gewaardeerd en geliefd zijn. Het wordt een 'valstrik van emotionele liefde' genoemd. De persoon die controle heeft, plaatst het slachtoffer op een belangrijke positie, ook al heeft diegene daar niet de juiste kwalificaties voor, of hij overlaadt het slachtoffer met grote lofbetuigingen, om zo het slachtoffer psychologisch in de val te lokken. De dictator gelooft dat, als hij het individu deze onverdiende autoriteit geeft en het moment is aangebroken voor de dictator om onethische en on-Bijbelse eisen te stellen, het slachtoffer zich gedwongen zal voelen om het ermee eens te zijn of eraan mee te werken. De dictator weet dat als hij een beroep kan doen op het gevoel van loyaliteit, dankbaarheid en valse liefde van het slachtoffer, hij alles wat zijn hart wil voor elkaar kan krijgen.

Geestelijke dictators voelen zich ook bedreigd wanneer mensen hun leiderschap in twijfel trekken (Johannes 9:13-34). Het leiderschap van een dictator in twijfel trekken wordt opgevat als een vraag of ze echt door God geroepen en gezalfd zijn. Zo'n vraag is ondraaglijk voor dictators. Velen hebben onopgeloste emotionele wonden, en hoewel ze voortdurend genezing en bevrijding prediken aan hun kudde, zijn ze zelf niet genezen of verlost.

Een Aanfluiting en een Schande

Hier is een verslag van een man en zijn gezin die de bediening van een dictator hebben verlaten:

> "Dit schriftelijke getuigenis is echt gebeurd en betekent veel voor ons, vanwege wat we ooit geloofden en waaraan we werden onderworpen. Onze achtergrond is de Pinkster Bevrijdingsbeweging, waar de leider als 'hoger' wordt beschouwd dan de mensen, en waar de geestelijke gaven meer op waarde worden geschat dan het begrijpen en onderwijzen van gezonde Bijbelse leerstellingen. Ik zeg hoger in de zin van dat de leider een aanzienlijke hoeveelheid invloed heeft op het geloof, de gaven, bepaalde keuzes, enzovoort van mensen. Mijn vrouw en ik waren loyale leden en hielden vast aan elk woord dat de leider sprak. Hij zei altijd dat het voor hem niet nodig was om de woorden "zo zegt de Heer ..." te gebruiken om onder de goddelijke inspiratie van God te spreken. De kerk had een atmosfeer die bepaald werd

door angst, zelfverheffing en intimidatie. Bovendien, omdat zijn instructies werden beschouwd als van de Heer, werd het in twijfel trekken van de leider gezien als koppig en opstandig.

Halverwege 2007 werden we de bediening moe, en onze ijver voor de Heer werd minder. Dit kwam door de onzin en politiek van de kerk, in combinatie met de 'visie op de mens'. Dit bracht ons ertoe de Heer te zoeken om leiding, omdat het al snel duidelijk werd dat het tijd voor ons was om te weg te gaan. Maar voordat we vertrokken, nodigden mijn vrouw en ik een andere gemeente bij ons uit en organiseerden we gezamenlijk een jeugdopwekking in de hoop dat God iets groots zou doen. Een paar weken voorafgaand aan dat evenement hebben we besloten om enkele van de jeugdleiders uit het team te verwijderen wegens gebrek aan inspanning van hun kant. Ironisch genoeg gaf de voorganger (we hadden de kerk op dit moment nog steeds niet verlaten) mij de taak om degenen die niet in de pas liepen eruit te halen, niet wetende dat zijn zoon en schoondochter bij die mensen zaten die gevraagd zouden worden om te vertrekken. Vlak voor het evenement zei de voorganger dat hij iedereen die ontslagen was, weer terug op hun positie had gezet. Dit alles nadat hij me groen licht had gegeven. Dus na het evenement ging ik naar hem en een andere voorganger toe en kondigde mijn ontslag aan als coördinator van het jeugdteam. Hij antwoordde dat, omdat ik student was, mijn focus niet had gelegen waar het had moeten zijn. De collega-voorganger smeekte me om aan te blijven als coördinator en beloofde dat alles goed zou komen. Op dat moment wist ik dat de voorganger voor wat betreft God en zijn 'begaafde' ideeën helemaal fout zat.

In de maand mei 2008 besloten we uiteindelijk om

de bediening te verlaten. Ik sprak, nadat we dit aangekondigd hadden, nog op drie momenten met de voorganger en hij reactie was slechts vernedering en intimidatie. Hij vertelde mij alle dingen die er mis waren met ons. Hij zei dat we in het vlees waren en dat we schipbreuk zouden lijden. Hij zei dat, als mijn vrouw er niet was geweest, hij wel controle over mij zou kunnen hebben. Hij vertelde mij dat zonder hem, mijn bediening binnenkort niet meer zou bestaan. We zaaiden onenigheid, zo vertelde hij mij, simpelweg door mensen te vertellen dat we zijn bediening verlieten. Volgens hem had zelfs mijn moeder niet van ons mogen horen dat we weggingen. Toen ik hem vertelde dat ik vroeger bang was voor hem, reageerde hij door te zeggen dat het de zalving was waar ik bang voor was.

Ik prijs de Heer dat Hij ons verlost heeft van die plaats. Aanvankelijk wisten wij niet waar we in terecht kwamen. Het enige wat we wilden doen, was de Heer met heel ons hart dienen. Zelfs nu nog durven sommige leden niet met ons te praten, uit angst hun voorganger ongehoorzaam te worden. Het is een aanfluiting en een schande voor God."

De Ondergang van Dictators

Om in geest en in waarheid te aanbidden, moeten we vrij zijn om God te verhogen in plaats van een mens, en wanneer dat niet mogelijk is vanwege een dictator, zoals degene die zojuist besproken is, is het tijd om het stof van onze voeten te schudden en weg te gaan.

Jeremia 23:1-4 spreekt harde woorden over dictators:

"Wee de herders die de schapen van Mijn weide

ombrengen en overal verspreiden, spreekt de HEERE. Daarom, zo zegt de HEERE, de God van Israël, van de herders die Mijn volk weiden: Ú hebt Mijn schapen overal verspreid en verdreven, en u hebt niet naar ze omgezien. Zie, Ik ga u uw slechte daden vergelden, spreekt de HEERE. Ik echter, Ik zal het overblijfsel van Mijn schapen bijeenbrengen uit al de landen waarheen Ik hen verdreven heb. Ik zal hen terugbrengen naar hun schaapskooien, en zij zullen vruchtbaar zijn en talrijk worden. Ik zal over hen herders doen opstaan die hen weiden zullen. Zij zullen niet meer bevreesd zijn, ontsteld zijn of gemist worden, spreekt de HEERE."

Voortbouwend op wat we hebben geleerd over de kenmerken van kerkdictators, is het gemakkelijk te begrijpen hoe valse religieuze sekten ontstaan. Het woord *sekte* is al zo vaak gebruikt dat men niet meer begrijpt wat de ware definitie ervan is. Wat ik met de term *sekte* bedoel, is een groep die vol van intense toewijding samenkomt rondom de verkeerde interpretatie of ontkenning van essentiële Bijbelse leerstellingen door een specifiek persoon. Dictators isoleren slachtoffers geleidelijk van invloeden van buitenaf en uiteindelijk oefenen ze een vergaande controle uit over elk aspect van hun leven. Veel sekteleiders prediken in eerste instantie het ware Woord van God, maar gaan uiteindelijk helemaal op in het idee van macht, invloed en rijkdom. De groep zelf is het hoogtepunt in de zoektocht van een dictator naar aanbidding. Sekteleiders eisen volledige loyaliteit en onderwerping aan de regels en beperkingen die ze hebben opgesteld, en hun regels en beperkingen zijn altijd veel strenger dan wat God ooit zou verlangen. Alles wat niet aan voldoet, leidt tot zware straffen, openbare vernedering en verlies van privileges.

Sommige sekteleden moeten het zelfs met hun leven

bekopen, als de leider besluit hen tot voorbeeld te stellen. Ze komen er te laat achter dat ze vast zitten en absoluut geen uitweg hebben. Velen van hen die wel een uitweg gevonden hebben, herstellen nooit van posttraumatische stress en worstelen om weer een zo normaal mogelijk leven op te pakken. Als gevolg van hersenspoeling hebben de leden ook een vertekend beeld van wat een vader is en vinden ze het moeilijk om zich te verhouden tot het concept van een liefdevolle God.

De Invloed van Valse Profeten

Een vriend zei het volgende over de invloed van een valse profeet:

> "Niet lang nadat ik de gemeente had verlaten waar de voorganger een huurling was, werd ik echt goede vrienden met een jonge vrouw wier man een 'profeet' was. In het verleden had ik hem op profetische wijze zien bewegen, en wat hij zei klopte met betrekking tot vroegere en huidige zaken. Maar hij zat er ver naast als het om toekomstige dingen ging. Op een dag bad hij voor me toen ik zwanger was en vertelde me dat ik een jongen zou krijgen. Hij zei dat deze jongen zou zijn zoals Joab in de Bijbel. Omdat ik niet bekend was met de Schrift, geloofde ik alles wat hij zei. Toen ik echter naar de afspraak van mijn dokter ging om te horen wat het geslacht van mijn baby was, zei de echo specialist dat ik een meisje had. Ik was verrast en wilde het niet geloven, omdat ik geloofde dat de profeet een 'betrouwbare' man van God was die nooit tegen me zou liegen. Omdat ik een second opinion wilde, vroeg ik om nog een echo, en de tweede bevestigde ook dat het een meisje was. Een paar dagen later ging ik op bezoek bij mijn vriendin en

haar man, de profeet. Terwijl ik op haar wachtte, vroeg hij me: "Als je een meisje krijgt, wat betekent dat dan precies, denk je?"

Ik zei tegen hem: "Ik denk dat ik God ongehoorzaam ben geweest, dus misschien was Hij wel teleurgesteld in mij." En hij knikte met zijn hoofd van ja. Ook zei hij dat ik van mijn man moest scheiden, omdat mijn man veel van zijn plannen doorzag en nooit echt naar hem zou luisteren. Omdat ik erg loyaal was en deze profeet respecteerde, wilde hij dat ik bij mijn man weg zou gaan, zodat ik hem trouw zou blijven. Het is wel duidelijk dat mijn man en ik bijna acht jaar later nog steeds getrouwd zijn en niet meer achter de valse leer van deze man staan.

Dat ik onder leiding had gestaan van zowel een huurling als een dictator beroofde me van mijn passie en ijver om echte herders te vertrouwen. Ik verloor elk greintje passie voor God vanwege alle pijn die ik ervoer. Nu sta ik onder een ware herder wiens verlangen het is Gods schapen te voeden en ons in de juiste richting te wijzen om deel uit te maken van een groot werk dat God voor ons weggelegd heeft. Onlangs hield mijn voorganger een preek over de kerk van Efeze en hoe ze hun passie verloren. Toen ik God vroeg om me te helpen begrijpen waarom ik mijn passie verloor, leidde Hij me terug naar het oorspronkelijke probleem van toen ik onder leiding stond van een dictator en een huurling. Ik ben dankbaar dat ik vandaag de dag vrij ben en ik ben van plan om alles wat ik kan te doen om anderen in dezelfde situatie te helpen."

Vaak kennen dictators de waarheid, maar hebben ze geleerd hoe die in hun eigen voordeel om te draaien. De reden dat deze mensen zo gevaarlijk zijn, is dat ze mensen beheersen door waarheid met dwaling te vermengen. Ze kennen genoeg waarheid om geloofwaardig over te komen, maar bevatten genoeg fouten waardoor ze dodelijk worden. Zij zijn degenen die verantwoording onderwijzen, maar meestal gebeurt dat buiten de context van de Schrift en zelf zijn ze niemand verantwoording verschuldigd.

Dictators proberen altijd persoonlijke gegevens van hun mensen naar boven te halen die kunnen worden gebruikt om te manipuleren. Dit is schaamteloze machtsmisbruik, ver van Gods oorspronkelijke bedoeling. Uiteindelijk is het duidelijk een vorm van geestelijk misbruik dat God verafschuwt. De beste reactie is om je om te draaien en van deze oneervolle herders weg te vluchten.

HOOFDSTUK 14

TIJD OM EEN BESLISSING TE MAKEN

IN DIT LATE UUR WIL GOD WETEN OF WE ACHT ZULLEN slaan op zijn waarschuwingen als onze ogen eenmaal geopend zijn. Geestelijke huurlingen en dictators vertegenwoordigen God op geen enkele manier. God zal aan dit alles een eind maken, en wanneer Hij deze valse leiders gaat oordelen, zal Hij verder gaan met de rest van zijn huis. We moeten zijn dringende oproep horen.

Toen Jezus zei dat velen in de laatste dagen misleid zullen worden, bedoelde Hij dat ze geestelijk verblind zouden zijn en niet in staat zouden zijn onderscheid te maken tussen waarheid en een leugen. In het evangelie van Mattheüs zei Jezus: "elke plant die Mijn hemelse Vader niet geplant heeft, zal uitgetrokken worden. Laat hen gaan; het zijn blinde geleiders van blinden" (Matt. 15:13-14). Elke bediening die de naam van Jezus Christus niet verheerlijkt en die niet door de Vader ingesteld is, zal uiteindelijk worden vernietigd.

Veel voorgangers zullen spoedig in het oordeel komen, omdat ze niet alleen weigerden alarm te slaan toen ze zagen dat de wolven naar de menigte keken, maar zelfs met hen meewerkten in het vernietigen van de kudde. Ze nodigden misleiders uit op hun kansels, terwijl ze wisten dat ze valse leerstellingen onderwezen. Volgens Jeremia hoofdstuk 23, waarvan veel bijbelstudenten geloven dat dit het centrale hoofdstuk is van Jeremia's verklaringen, wijst God direct naar de herders als oorzaak van de problemen met valse profeten. God klaagt de herders aan voor hun onzorgvuldigheid door deze roofdieren op de kansel uit te nodigen om zo de levens van de schapen kapot te maken. Het zijn de voorgangers die deze wolven toegang hebben gegeven tot Gods volk. De toename van valse profeten is een aanwijzing dat voorgangers een compromis hebben gesloten en zich hebben verenigd om deel te nemen aan het werk van Satan. Als gevolg van dergelijke allianties worden de deuren geopend voor geesten die de mensen verleiden zoals ze deden in Jeremia's tijd.

De tweede brief van Petrus gaat over valse leraren en boosdoeners die de kudde van Christus weglokken door tegemoet te komen aan de geldzucht (2 Petr. 2:12-22). Helaas is het resultaat van zo'n dodelijke fusie dat mensen die aan de zonde waren ontsnapt, later slechter af zijn dan in het begin. Dit soort problemen zijn tegenwoordig veel groter dan in de tijd dat Petrus dit schreef. Het is van vitaal belang dat we waarheid van dwaling kunnen onderscheiden, want naarmate de tijd nadert, zullen de zaken alleen maar verder achteruit gaan met wolven die rond de kudde cirkelen, door boze geesten aangestuurd die erop uit zijn om te doden, te stelen en te vernietigen. "Maar slechte mensen en bedriegers zullen van kwaad tot erger gaan: zij misleiden en worden misleid" (2 Tim. 3:13).

God is moe geworden. Hij staat op het punt een heilige ijver op te wekken tegen valse leraren, net zoals Hij deed in Jezus' tijd. Terwijl Hij op de trappen van de tempel stond, riep de Heer naar de leiders: "Neem deze dingen vanhier weg, maak niet het huis van Mijn Vader tot een huis van koophandel!" (Joh. 2:16). Wat we tegenwoordig te veel in onze kerken zien, is leiderschap dat meer geïnteresseerd is in het verwerven van rijkdom dan in het dienen van het lichaam van Christus. In plaats van zich zorgen te maken over de bestemming van de zielen van de mensen, verslinden corrupte en slechte mensen elke cent die ze kunnen krijgen door een verwrongen en egocentrische boodschap te prediken.

Een Actuele Vraag

Waarom lukt het ons vaak niet om onwettige leraren los te laten? Het antwoord is complexer dan we misschien denken.

Er zijn verschillende, vaak emotionele, redenen waarom mensen in kerken met gevaarlijke leraren blijven. Als je ooit betrokken bent geweest bij een kerk waar vanaf het begin mensen een plaats voor je gemaakt hebben, is het gemakkelijk om verliefd te worden op de mensen - zelfs als de leer later ongezond blijkt te zijn. Vooral voor wanhopig eenzame mensen zijn relaties zo belangrijk dat ze besluiten andere ernstige problemen over het hoofd te zien, om aan vriendschappen vast te houden. Maar geen reden is goed genoeg om te blijven als iemand verdoemelijk onderwijs krijgt. We kunnen er zeker van zijn dat God elders in onze behoeften zal voorzien, omdat Hij van ons houdt met een innerlijke ontferming die geen grenzen kent.

Sommige mensen raken betrokken bij kerken met krachtige voorgangers, omdat ze onvervulde emotionele behoeften hebben. Omdat ze zich nog nooit geliefd hebben gevoeld door een natuurlijke vader, kunnen ze gemakkelijk aangetrokken worden tot een 'dynamische' mannelijke leider. Dat is een van de redenen waarom veel mensen sekteleiders volgen. Misschien heeft de leider jou op gegeven moment, in het begin, geholpen in een moment van grote nood en ben je de daad van vrijgevigheid nooit vergeten. Maar huurlingen en dictators zijn niet geneigd hun volk vriendelijk te verzorgen door hen op te bouwen in hun allerheiligst geloof; in werkelijkheid geven ze je het gevoel dat je ze wat verschuldigd bent. Door afhankelijkheid bij hun volgelingen te bevorderen, versterken ze slechts het gevoel van ontoereikendheid en machteloosheid bij hun slachtoffers, net zolang tot de mensen zich hopeloos voelen en wanhoop ervaren. En, zelfs als ze besluiten om te weg te gaan, hebben ze meestal veel moeite mee om ergens anders heen te gaan waar de voorganger een tastbaar verlengstuk is van het zachte hart en de zachte handen van God.

Een andere reden waarom sommige mensen ervoor kiezen om in kerken te blijven met onware leraren, is dat ze een hekel hebben aan verandering. Als we eenmaal gesetteld zijn in een kerk, is het pijnlijk om zelfs maar te overwegen om een nieuwe plaats van aanbidding te zoeken. Als we ons op ons gemak voelen en de mensen kennen, kunnen we ons moeilijk voorstellen dat we ergens anders opnieuw beginnen, en toch is God in staat elders in de behoefte te voorzien. Hoewel het opnieuw beginnen of ons aanpassen aan veranderingen nooit gemakkelijk is, zal God de weg voor ons voorbereiden en ons precies leiden waar Hij wil dat we gaan. De enige vereiste is dat we erop vertrouwen dat Hij dat doet.

Voor anderen geloof ik dat het kijken naar het leven van Lot, en wat hem ervan overtuigde om niet weg te gaan toen hij wist dat de stad Sodom slecht was, tot velen in onze tijd spreekt. De redenen waarom Lot er niet in slaagde een slechte stad te verlaten, zijn de redenen waarom velen een on-Bijbelse kerk niet verlaten. Ik denk dat er verschillende redenen zijn:

- Hij had de keuze gemaakt om daar te gaan wonen (Gen. 13:10-13). De vleselijkheid van Lot zorgde ervoor dat hij een plaats koos die er uiterlijk veelbelovend uitzag, maar geen godsvrucht had. En hoewel hij geïrriteerd raakte door hun dagelijkse gedrag (2 Petr. 2:8), aarzelde hij om te vertrekken omdat hij de plek had uitgekozen. Als we ergens voor gekozen hebben, maakt onze trots het moeilijker om toe te geven dat we een slechte beslissing hebben genomen, dus blijven we meestal in die situatie of plaats zitten, in de hoop dat ons vasten en bidden zulke dingen kan veranderen. Maar God is niet verplicht om op zulke activiteiten te reageren als we in de eerste plaats al niet op de plek zijn waar Hij ons wilde hebben.
- Hij had een belangrijke positie (Gen. 19:1). Toen de engelen de stad Sodom binnengingen, troffen ze Lot aan bij de poort. In de oudheid was waren diegenen die aan de poort zaten mensen met invloed, door hun leiderschap in de stad. Dit was de ontmoetingsplaats waar mannen toezicht hielden op de kwesties van burgers, onderhandelden over zakelijke transacties en moeilijke geschillen behandelden. Dat Lot in zo'n hoge officiële positie aanvaard werd, wijst op zijn geestelijke compromis en wereldsgezindheid. Velen worstelen met het verlaten van slechte kerken, omdat ze loyaler zijn aan hun geestelijke titels dan aan het gehoorzamen van Christus. Veel mensen

vinden het opgeven van een titel moeilijk, vooral omdat ze dan weer op een nieuwe plek moeten beginnen waar mensen je vorige functie niet erkennen. Deze situatie maakt je nederig. Bij een geestelijke positie komt 'een reputatie' En wanneer Satan weet dat iets in jou verlangt naar een of andere vorm van erkenning door een positie, zal hij ervoor zorgen dat de on-Bijbelse leider jou, precies op het moment dat je weet dat het tijd is om te weg te gaan, in een bepaalde positie erkent. Dit is om jou in verwarring te brengen en daarom zorgt jouw loyaliteit aan deze man ervoor dat je je toewijding aan Christus terzijde schuift. Op dat moment weggaan, vraagt om een wonder.

- Zijn familie voelde zich daar thuis (Gen. 19:12-16). Lots beslissing om te kiezen voor zo'n verontreinigde omgeving en er te gaan wonen, hinderde niet alleen Lot maar ook zijn familie. Het blootstellen van zijn familie aan zulke afschuwelijke praktijken veroorzaakte verdeeldheid onder hen. Zijn schoonzoons namen hem niet serieus, en we weten uit de rest van de Schrift dat zijn vrouw de stad wel verlaten heeft, maar haar hart daar achter bleef, en die onwil om los te laten leidde tot haar oordeel. Veel mensen worstelen om bij onterende kerken weg te gaan, omdat niet iedereen in de familie het met het vertrek eens is. De gevaarlijke leider zal bedreven zijn in het tegen elkaar opspelen van gezinsleden, en concentreert zich daarbij op de persoon waarvan hij weet dat die naar hem zal luisteren. En als er onenigheid is, zal de familie meestal

blijven tot iedereen er vrede mee heeft - maar
aan deze vertraging kunnen kosten verbonden
zijn. Vraag het Lot!

Een bepaald vers van de Schrift dat vaak verkeerd
wordt geïnterpreteerd, staat in het boek Johannes
hoofdstuk 10. Jezus zei: "De dief komt alleen maar om te
stelen, te slachten en verloren te laten gaan; Ik ben
gekomen, opdat zij leven hebben en overvloed hebben" (vs.
10). Velen hebben dit vers gebruikt om het werk van Satan
te benadrukken, maar dit vers gaat niet exclusief over
Satan. Satan is misschien de auteur, maar de dief is de
methode. Jezus zei dat Hij de goede herder is die leven
geeft, en de dieven, onwettige leiders, zijn bedrieglijke
herders die het leven van de schapen nemen. Deze dieven
gebruiken bedrog om je gevangen te nemen en je van
overvloed - van het Griekse woord *zoe*, dat 'geestelijk leven'
betekent - dat in Christus Jezus is, te beroven. Paulus
vertelt de gelovigen in Kolossenzen 2:8: "Pas op dat
niemand u als buit meesleept door de filosofie en
inhoudsloze verleiding, volgens de overlevering van de
mensen, volgens de grondbeginselen van de wereld, maar
niet volgens Christus."

Als we weigeren giftige kerken te verlaten, komt de
waarheid, die waardevol is voor onze geestelijke wandel,
ernstig in gevaar. Onze tegenstander is meedogenloos; en
levens vernietigen in de naam van Christus is zijn doel.
Maar op een gegeven moment moeten we onszelf goed
bekijken en ons afvragen: "Help ik mee om de handen van
de vijand te versterken?" Dat kan, als loyaliteit ervoor zorgt
dat we ergens in blijven dat niet alleen schadelijk is voor
ons heil, maar ook voor onze familie. Onthoud dat
loyaliteit een geweldige eigenschap is, maar dat het tevens
dodelijk kan zijn. Ware loyaliteit is gebaseerd op waarheid,

maar blinde loyaliteit zorgt ervoor dat een leugen kan blijven bestaan.

Bid en vraag God om moed en gehoorzaamheid. Vraag jezelf af of het tijd is om een kerk te verlaten waar destructieve en on-Bijbelse leringen worden verkondigd. Houd er nogmaals rekening mee dat wanneer God spreekt, sommige dierbaren misschien niet zullen volgen. Helaas kan niemand voor hen een keuze maken. Net als de vrouw van Lot (Gen. 19:26), moeten ze voor zichzelf beslissen.

Hoewel we anderen niet kunnen dwingen het goede te doen, kunnen we ze wel waarschuwen en voor ze bidden zolang er nog tijd is. Maar wat anderen ook beslissen, het is tijd dat we acht slaan op de waarschuwing om te vluchten. Het oordeel staat voor de deur.

Wat Volgt Er Na de Pijn

Als predikant van een plaatselijke kerk herinner ik degenen die onder mijn hoede staan er voortdurend aan dat de waarheid ijverige herhaling zal vereisen, omdat we op elk moment allemaal in staat zijn om een her verpakte leugen te geloven en toestaan dat de pijn die we ervaren de principes van God overschrijdt.

Daarom is het belangrijk dat we ervoor zorgen dat we de ware betekenis van de woorden 'geestelijk misbruik' niet misbruiken of opblazen. Vaak gebruiken veel mensen de juiste terminologie, maar hebben ze de verkeerde definitie; daarom passen ze de betekenis toe op alles waar ze het persoonlijk niet mee eens zijn.

Zoals eerder vermeld, is geestelijk misbruik het verkeerd gebruiken van iemands machtspositie, invloed en toezicht om de egocentrische verlangens of interesses van iemand anders dan de persoon die op de hulp vertrouwt, te bevorderen. Dit gebeurt als iemand niet functioneert als een leider die dient, maar in plaats daarvan gezag gebruikt om daarmee over anderen te heersen en om zijn eigen persoonlijke visie of behoeften te koesteren en verdedigen. Als we gekwetst zijn of zelfs als we verhalen van anderen hebben gelezen of gehoord, kan dit, als we niet oppassen, ons een slecht oog geven dat alles vanuit een punt van onrechtvaardige kritiek bekijkt.

Als een leider bijvoorbeeld niet doet wat ik verlang dat hij doet, of zelfs als iets niet op de manier gebeurt zoals ik het wil, wil dat nog niet zeggen dat dat misbruik is. De waarheid is dat we het niet altijd eens zullen zijn met alles wat er binnen de kerk plaatsvindt. Toch vallen niet alle omstandigheden onder de paraplu van geestelijk misbruik.

Maar wanneer God uiteindelijk geestelijk misbruik aan de kaak stelt, moeten we weten dat Hij niet van ons verlangt dat wij doorgaan en het leven zelf proberen uit te vinden. God zal namelijk geen oordeel vellen over ongezond leiderschap, tenzij Hij een vervanging in gedachten heeft. Ook al is ongezond leiderschap een slechte weerspiegeling van Christus, het betekent niet dat God klaar is met de kerk en het leiderschap als geheel.

De uitdaging na het ervaren van geestelijk misbruik zal zijn wanneer je een gezonde, Bijbelsgetrouwe kerk vindt met gezond leiderschap, en er zich een omstandigheid voordoet. De verzoeking zal naar boven komen wanneer er een richting is ingeslagen die u persoonlijk niet acceptabel vindt. Wat zal uw reactie zijn? Houd in gedachten dat Satan nooit werkeloos toe zit te kijken terwijl we proberen te herstellen van pijn. Zijn plan is om ervoor te zorgen dat de bittere smaak, die de pijn van de kerk heeft achtergelaten, voor altijd in onze mond blijft hangen.

Dit is de reden waarom evaluatie, gevolgd door bescherming, moet plaatsvinden vanaf het moment dat God je verwijdert van slecht leiderschap tot het moment dat Hij je naar een Bijbelgetrouwe kerk leidt. Vanaf dat moment moet je:

- Verstandige raad zoeken. Soms heb je raad van buiten je kring nodig om een duidelijker beeld te krijgen van wat er in je leven gebeurt. Advies van vrienden kan worden verstoord als hun raad doorspekt is met vooringenomenheid; denk aan Rehabeam in 1 Koningen 12:1-8. Maak een afspraak met een godvruchtige leider om je angsten en zorgen te uiten - iemand die getrouw door het moeilijke terrein van pijn is gelopen.
- Weigeren in jouw verbeelding te leven. Satan houdt ervan om te vissen in een geest die verstoord, afgeleid en twijfelachtig is. Hij vindt het heerlijk om degenen die door schaamte worden overmand, omdat ze geloofden dat iets van God was en dat niet zo was, te kwellen. Velen kunnen niet herstellen, nadat ze hebben ontdekt dat ze blind waren voor de realiteit die voor hen lag. En dit is wat Satan verlangt: Hij wil ons herstel belemmeren en het voor ons moeilijk maken om ooit weer te vertrouwen - *maar trap er niet in*. Blijf je vertrouwen stellen in God, wetende dat als Hij jou eruit getrokken heeft, Hij de macht heeft om je erdoorheen te helpen, zodat je Hem echt kunt ervaren.
- Niet proberen dit alleen te doen. Als wij, mensen, gekwetst zijn, is onze manier om ermee om te kunnen gaan: isolatie. Maar we moeten oppassen dat er geen on-Bijbelse diagnose wordt gesteld. Pijn heeft de potentie om een weg voor je geest te creëren om

meningen te genereren die niet waar zijn. Blijf verbonden met het Woord van God en blijf nederig, zodat je dingen kunt leren hoe je je ook voelt. Laten we niet worden zoals Elia die teleurgesteld was en daarom zichzelf isoleerde en zijn dienaar achterliet (1 Koningen 19:1-16). Toen God hem confronteerde, kon Elia in zijn toestand Gods raad niet horen. Als teleurstelling en pijn iemand zo sterk als Elia kunnen aanvallen, wat zegt dat dan over iemand die niet zo veel kracht bezit?

- Met een nieuwe blik naar je theologie kijken. Meestal noemen we iets geestelijk misbruik, omdat we dat zo ervaren. Maar eerlijk gezegd, elke keer dat we ons aangetrokken voelen tot wat we dan ook zien als een bediening, en het niet gebaseerd is op het Woord van God, geven we onszelf over aan misbruik. Alle geestelijke mishandeling begint wanneer Gods Woord verwaarloosd, vervormd en verkeerd gebruikt is. Vanaf het moment dat de Schrift uit zijn verband getrokken wordt, is er sprake van misbruik. Door opnieuw naar je theologie te kijken, krijg je een goed begrip van wie God is, hoe je Zijn Woord juist kunt interpreteren en inzicht in hoe Hij verlangt dat zijn kerk functioneert.

Het Belang van Ware Genezing

Geestelijke genezing is belangrijker dan we denken. Deze waarheid wordt het best ondersteund door Spreuken 4:23-27:

"Bescherm je hart boven alles wat te behoeden is, want daaruit zijn de uitingen van het leven. Doe weg van jou valsheid van mond en houd bedrog van lippen ver van je verwijderd. Laten je ogen recht vooruitkijken en je oogleden zich recht vóór je houden."

Vanaf het moment dat God ons aan het verlossen is van iets dat pijnlijk is, hebben we de verantwoordelijkheid gekregen om onze genezing na te streven. Dit is mogelijk door bevrijding te zoeken van de belediging, boosheid, bitterheid en woede die mogelijk in ons hart zijn neergedaald als gevolg van wat we hebben meegemaakt. Een zuiver hart is belangrijk; daarom moeten we er alles aan doen om onszelf te beschermen tegen gevaar dat op allerlei manieren op ons af komt. Een gebrek aan verantwoordelijkheid van onze kant kan ertoe leiden dat een beledigd hart ons - en anderen - op een destructief pad leidt dat God nooit voor ons leven bedoeld heeft.

Er zullen op deze christelijke reis veel valkuilen en obstakels zijn die we moeten overwinnen en doorstaan. Pijn en verraad door de kerk maken helaas deel uit van de lijst. Maar wat wij zien als pijn door de kerk, kan God gebruiken om ons ergens uit te halen waar we nooit in hadden moeten zitten. Het goede nieuws is zelfs, in Gods soevereiniteit, dat Hij zelfs dat wat wij als pijnlijk ervaren, kan gebruiken, om tot Zijn doel te komen. Daarom moeten we er alles aan doen om een zuiver hart te behouden, zodat we ons verleden niet gaan herbeleven. Het is het verlangen van Christus dat we vooruitkijken naar de vreugde die voor ons ligt en niet afgeleid worden door de pijn die nu achter ons ligt.

EEN NASCHRIFT VAN TAVARES ROBINSON

Ik vind het geweldig om mijn lezers handvatten te geven om hen te helpen het verschil te zien tussen echte herders, huurlingen en dictators. Ik bid dat God veel ogen voor de waarheid zal openen en Zijn volk uit het valse onderwijs in Zijn wonderbaarlijke licht zal brengen, waar herstel, genezing en aanmoediging is om in het licht te wandelen zoals Hij in het licht is. Moge God jou en de jouwen rijkelijk zegenen en jou gebruiken om de wonderbaarlijke naam van Jezus te verhogen!

OVER DE SCHRIJVER

Tavares D. Robinson is de oprichter en voorganger van Sound the Trumpet Ministries of Miami, gevestigd in Miami, Florida, waar hij al zestien jaar dient. Hij is momenteel ook de oprichter van Watchman Publishing. De Heer heeft Robinson gezegend met een gedurfde profetische stem die de harten van mensen weer tot God terugbrengt. Hij is de auteur van vier eerdere boeken: *Shepherds, Hirelings and Dictators: How to Recognize the Difference (eerste editie), The Utopia of a Strange Love: When the Love of God is Mishandled, Warnings from the Garden: Uncovering the Wiles of Deception,* en *The Process of Transition: Reforming the Heart for Growth.* Hoewel elk van Robinsons boeken zijn eigen specifieke focus heeft, bieden ze alle gelovigen de nodige instrumenten om de waarsheid te identificeren en authentiek leiderschap te onderscheiden van geestelijk ongezond leiderschap. Robinson woont momenteel met zijn gezin in Zuid-Florida.

www.ingramcontent.com/pod-product-compliance
Lightning Source LLC
Chambersburg PA
CBHW060356080526
44583CB00012B/340